ALEKSANDRA MANČIĆ

VETRENJAČE NA JEZIK

Dnevnik prevođenja *Don Kihota*

RAD

Zašto verujem da treba uvek iznova prevoditi klasična dela? Zašto sam odlučila da napravim nov prevod *Don Kihota* na srpski jezik? Eto pitanja kojim ću se pozabaviti u sledećim redovima. Uz prethodnu napomenu: književni tekst opstaje kroz vreme zahvaljujući snazi koju poseduje kao književni tekst. Ono što čini književni tekst književnim, jeste to da se taj tekst čita kao književni. Jedini dokaz da neko delo ne zastareva jeste to što je i dalje čitano. Ali na kojem jeziku? Ako danas čitamo Homera, ne čitamo ga u originalu, čitamo ga u prevodu, kaže francuski mislilac prevođenja Anri Mešonik. Svaki prevod književnog dela sadrži jedno *ko*, jedno *kako*, i jedno *kada*. Prevod ima sopstvenu istoriju, različitu od istorije prevedenog dela. Naročito kada se za to delo kaže da je neprevodivo. A o Servantesovom *Don Kihotu* se često tako pisalo

„Ne treba imati iluzija: ma koliko proučavali original u nameri da najtačnije moguće podražavamo njegovu fizionomiju pomoću najsavršenijeg obličja i najprikladnijeg kolorita, ma koliko ukusa, takta i izvanredne istančanosti imali kako bismo mogli spoznati lepote, pa čak i nedostatke koji su mu urođeni i svojstveni; ma kolike napore ulagao prevodilac da uzurpira mesto pisca, idući do krajnosti da koliko je moguće svoj karakter uobličava prema njegovom, sve to, i mnogo više, biće sasvim neuspešno ako njegova naročita vrsta stila ne nosi u sebi i to da sve što je rečeno ne može biti iskazano na drugi način. Ukratko: tajna stapanja dva tela u jednu jedinu dušu namenjena je ne sa-

mo ljubavi, nego i prevođenju; i kao što se dva srca koja
ne dele osećanja i zanimanja, ne razumeju, i pošto se ne
razumeju, ne mogu da otkriju zajedničku *tradiciju*, isto ta-
ko se ni dva jezika koja se međusobno značajno razlikuju
zbog ove ili one okolnosti u svojim mehanizmima, ne ra-
zumeju, i pošto se ne razumeju, odbijaju međusobno *pre-
vođenje*. Zato sam ... rekao: kao što je dobro naoštrenom
peru Sida Hamida Benengelija bio namenjen poduhvat da
ispriča pustolovine Mančanskog Viteza, isto je tako *Don
Kihote* rođen da govori na kastiljanskom, ako već i kasti-
ljanski nije rođen zato da bi ga govorio *Don Kihote*; ... i to
predstavlja suštinski deo njegovog karaktera ... i govorim
i govoriću, tvrdim i tvrdiću, i istrajaću u tvrdnji dokle mi
to moje slabe snage dozvole, da je *Don Kihote neprevodiv*."
To je napisao opat Hose Marija Sbarbi, u svojoj knjizi *Ne-
prevodivost Don Kihota*, 1876. godine. Ne mogu naprosto
odbaciti ovakav stav kao tek još jednu zadrtost, koju po-
bija činjenica da prevodi *Don Kihota* postoje, da su posto-
jali, i da će još zadugo nastajati novi. Takav odgovor nije
dovoljan. Još i više kada znam da, ma koliko ovakvi apso-
lutni stavovi bili zavodljivi, previđaju ono što se može na-
zvati utopijskim zadatkom prevođenja: pokazati da se, ma
koliko se ne razumevali, dva jezika mogu razumeti, makar
i kroz nesporazume. Nije dovoljan ni zato što se sa zadr-
tošću prevodilac sudara sa obe strane, jer se u svim naro-
dima i jezicima, kako je pisao Viktor Igo, „na prevod go-
tovo uvek najpre gleda, u narodu kome ga daju, kao na
neku vrstu nasilja koje se čini nad njim." Zato, na ovom
mestu nekoliko napomena o Servantesovim knjigama *El
ingenioso hidalgo don Quixote de la Mancha* i *Segunda par-
te del ingenioso cavallero don Quixote de la Mancha*, i mom
prevodu istih, *Maštoglavi idalgo Don Kihote od Manče*, od-
nosno *Drugi deo maštoglavog viteza Don Kihota od Manče*.

Servantes je pisac za koga s najviše prava možemo reći
da „ide dalje od pravila retorike, književnih recepata i ve-
ština koje je stekao od svojih učitelja, idući uvek ka većoj

slobodi i jednostavnosti, da bi na kraju izmislio sintaksu, stil i jezik istovremeno veoma narodski i veoma plemenit, koji se mora obraćati celom ljudskom rodu". Don Kihotovo ludilo i neprilagođenost potiču od njegovog načina shvatanja slobode, slobode koja se dostiže kroz maštu, upotrebom mašte, kroz stvarnost književnosti, realnost fikcije. Stvarnost sveta postoji u meri u kojoj postoji mašta. Servantesova mašta vodi se neizvesnošću, neizvesnost upravlja Don Kihotovim svetom. Književnost stvara sopstvenu istinu. Pisac, stvarajući jezikom i stvarajući jezik, stvara jednu od mogućih istina.

Tradicija izvesne vrste kod nas odomaćenog čitanja ovog Servantesovog romana nameće se svojim teretom, ali *Don Kihota* i prevodim zato što me uči načinima oslobađanja od svakojakih tereta. Da bih prevela reč *ingenioso* iz naslova romana, nije mi bilo dovoljno samo traganje po rečnicima i raspravama o toj reči iz Servantesovog i iz kasnijih, sve do savremenog doba: ma koliko da je važno i to što je taj termin bio veoma popularan u ono doba, pa možda još i više kasnije tokom XVII veka, posle Servantesove smrti, nisam smela izgubiti iz vida onu osnovnu stvar: mesto na kojem treba tražiti sva moguća značenja te reči u naslovu jeste pre svih Servantesov roman, i Servantesov junak, Don Kihote. A kada čitamo roman, kada pratimo junaka, kako da ne vidimo *maštu* kao temeljnu Don Kihotovu osobinu? Mašta je osnova njegovog života, stvar je samo u tome da ta dimenzija njegovog lika dođe u prvi plan. Kod nas je Isidora Sekulić pisala o Don Kihotu kao „spoju velike mašte s velikom vrlinom", „slučaju velike i prave umetničke mašte", „mašti kao takvoj", liku čija smrt je „smrt po tom što je umiranje mašte". U čast Don Kihotu, u čast Servantesu i njegovoj umetnosti neodređenosti, ili njegovoj umetnosti života, života koji se osvaja maštom, reč *maštoglavi* došla mi je, usmeno, sa drugog mesta, od drugog ja, od izvesnog srpskog pisca: tako je, pretpostavljam, i moralo biti. Servantes je taj čiji jezik uči svakog svog čitaoca umetnosti citiranja, umetnosti umetanja reči među reči, preplitanja tekstova, deljenja osećanja i zanimanja, a time i razumevanja, ljubavi i (drugog) prevođenja.

Da bih prevela Servantesov jezik i Servantesovu istinu, nisam to mogla činiti tražeći arhaizme, kroz koje „jezik proždire sopstvenu supstancu", već jezik koji iz španskog pozajmljuje, s lakoćom i bez skrupula, ali i s pažnjom i znanjem, ono što će u srpski uneti živo tkivo i mogućnost uspostavljanja novih veza. Tako sam došla i do druge reči u naslovu, reči *idalgo*. Nije Servantes Don Kihota nazvao uopšteno plemićem, već sasvim konkretno odredio da je on *idalgo*: „pojam i osećaj *idalga* su radikalno hispanski", piše Ameriko Kastro, jedan od najvećih proučavalaca Servantesa u XX veku, i „*idalgo* se može protumačiti kao 'sin dobrote, dobrih dela ili milosrđa'", ili 'sin od dobroga roda', čegović, ako hoćete. Stvar, međutim, nije tako jednostavna, i ova reč zaslužila je niz dugih rasprava (kao, uostalom, i pridev *ingenioso*) filologa i istoričara. U srpskom, ta reč mi dolazi, mada ne u sasvim pravilnom obliku, s mnogih mesta, od onih stihova srpskog pesnika čijeg imena ne mogu da se setim, a koji piše „O, hidalgo, o, hidalgo, ja sam vaša verenica", pa sve do Vinaverovog prevoda *Gargantue i Pantagruela*.

Ostaje još ime, Don Kihote. Oblik Kihote nije teško prihvatiti u srpskom. To je pravo ime Servantesovog junaka. Postojalo je u prvom prevodu Đorđa Popovića, a kasnije je, počev od 1938. godine, zamenjeno polupofrancuženim oblikom *Kihot*. Ostaje i pitanje kosih padeža. Pošto se i ime *Kihote*, kao i niz drugih imena koja se javljaju u ovom prevodu, završava nenaglašenim *e*, u kosim padežima to finalno *e* će se izgubiti, i glasiće Kihota, Kihotu, itd, kao što se, na primer, dešava i u kosim padežima našeg imena *Pavle*. Čudnovata je bila putanja imena Kihote u srpskim prevodima. To je pitanje beskonačno. Ko zna da li bi nam bilo bolje kada bi se u pitanje imena uvela metoda, bili sastavljeni spiskovi, klasifikacije, uspostavljena pravila, kada bi, ukratko, bio otvoren „mali šalter Onomastike", kako je Valeri Larbo tražio od Francuza, ne bi li se preneo sav onaj onomastički karneval imena i njihovih značenja i istorija. Imena su kod Servantesa sve drugo, samo ne beznačajna. Tako i Kihote, možda oklop za bedro, od latinskog *coxa*, bedro, ali opet, možda i nekog sasvim drugog porekla? Kada znamo koliko je Servantes pridavao pažnje pravilnom nadevanju imena likovima, sa čime se susrećemo u bezmalo svakom imenu kod njega, ne možemo da se ne zamislimo nad imenom Don Kihota. Mnoštvo je pretpostavki otkuda je to ime moglo doći, ali je mnogo zanimljivije, u stvari, mnoštvo čitanja koje je ono proizvelo. Privlači me da maštam kako je Servantes mogao imati na umu reč *quijo*, koja je u španski došla, kako se čini, iz Amerike, iz Indija, nastala od reči *kisu kala*, iz jezika ajmara, što doslovno znači *magnetni kamen*, a inače kvarc u kojem je zatvoreno srebro ili zlato, ali se možda čak može povezati s latinskim *cos*, kremen. *Quijote*, augmentativ reči *quijo* – kremenčina, ili možda ognjilo? Sam Don Kihote za sebe u jedan mah kaže, u četrdeset i četvrtoj glavi *Drugog dela* svojih pustolovina, suočen sa Altisidorinim udvaranjima: „Pazite, buljuci zaljubljeni, samo za Dulsineju sam ja od testa i od marcipana, a za sve ostale sam od kremen-kamena; za nju sam med, a za vas pelen..." Ostalo su samo nagađanja i domišljanja. Kako bilo, ime Don Kihotovo, evo, posle sto deset godina, vraćamo njegovom pravom i jedinom – naspram francuskog ili polufrancuskog Kihot – španskom obliku: *Kihote*.

U pravu je opat Sbarbi, u pravu je kada kaže da je „tajna stapanja dva tela u jednu jedinu dušu namenjena ne samo ljubavi, nego i prevođenju". Ali u ove misli o ljubavi i prevođenju mora se umešati i malo egoizma i gorčine: ljubav nije dovoljna, potrebno je i razumevanje, makar i kroz nesporazume: kao što Don Kihote ne piše nove vite-

ške knjige, nego ih živi, isto tako mu je potreban onaj ko
će ih čitati, i onaj ko će mu prevoditi, kako bi on nastavio
svoju epsku komediju. Kao što na Servantesovim stranica-
ma u povest ulaze i iz nje izlaze likovi, čitaoci, pripovedač
i prevodilac, pripovedači i prevodioci, i svi postaju deo
iste realnosti. Tako život Don Kihota zavisi od sledećeg
čitaoca, i od sledećeg prevodioca, onoga ko zna buduć-
nost, onoga ko će sledeći preneti Servantesovu priču o to-
me da stvarnost postoji samo u meri u kojoj postoji ma-
šta, da svet nije samo ono što jeste ili izgleda da jeste,
nego i ono što je bio, i ono što može biti. „Ko je blizu pri-
šao providnom vitezu od seni i mašte, video je čudo: vi-
deo je kako se linija koja vodi u tragediju, i koja se u umet-
nosti obično prekida kada se događaji dignu do tragedije
– video je kako je Servantes tu liniju prebacio i s onu stra-
nu tragedije", kaže Isidora Sekulić. Servantes mi kaže, ako
ne postoji mašta, onda je treba izmisliti; kaže, fikcija mo-
že predstavljati temelj stvarnosti, može izmisliti ono što
na svetu nedostaje; pokazuje da se istini približava onaj ko
ne pokušava da nametne svoju istinu. *Don Kihote* je i knjiga
o viteštvu, junaštvu, ljubavi, pisanju, čitanju i prevođenju,
komična knjiga i parodija, knjiga o uzvišenom i romantič-
nom junaku, knjiga realistična i analitična, moderna, mistič-
na i postmoderna. Sve to, i mnogo više. Knjiga radikalnog
osećaja slobode.

„Celo Don Kihotovo biće", zabeležiće Mišel Fuko, „ni-
je ništa drugo nego jezik, tekst, štampani listovi, već prepi-
sana povest." Da *Don Kihota* piše niz autora koji se sme-
njuju, o tome se govorilo mnogo. Da je čitalac pisac *Don
Kihota*, i o tome se pisalo. Ali ne i o tome da je prevodilac
taj koji prvi počinje da se smeje u *Don Kihotu*, čitajući nje-
govu povest. Kada ga zamole da prevede one sveske koje
govore o Don Kihotu na kastiljanski jezik, ne oduzimaju-
ći i ne dodajući ništa, i za to mu ponude platu koliku želi,
„on se zadovolji s dve merice suvog grožđa i tovarom žita,
i obeća da će prevesti dobro i verno, i to veoma brzo", pa

je onda, „za nešto više od mesec i po dana celu preveo, baš ovako kako se ovde kaže". Tako u povest ulazi prevodilac, koji, dakle, jeste sačinitelj teksta koji čitamo. On je knjigu „celu preveo baš ovako kako se ovde kaže". Zbunjenoj, u nedoumici pred ovim čudom – a najveće čudo je čovek koji oko sebe ne vidi čudo, podsećaju me arapski mističari – razmišljam o tome šta se dešava *ako ima mesta prevoditi*. Prisećam se mislioca koji kaže kako prevodilačka struktura ne počinje onim što se zove prevođenje u uobičajenom smislu – dakle, ne u trenutku kada sednem za sto da ponovo ispisujem na srpskom redove koji su napisani na španskom jeziku – nego već ili tek kada se uspostavi izvestan tip čitanja „izvornog" teksta – dakle, u svakom trenutku kada čitam, razumem i stvaram *svog Don Kihota*; i kako to čitanje briše, ali i ističe, ono čemu se opire i ono što mu se opire – onome, dakle, što u mom jeziku i mojoj kulturi ne deluje kao blisko i poznato, nego kao tuđe i nepoznato – i tako, u tom pozivu na čitanje jezika u sopstvenom brisanju, sledi put koji prelazi preko ili ide dalje, koje dovodi tog Španca, Servantesa ili Don Kihota, u moje vreme i u moj jezik. Istina je da je Servantes jedan od pisaca koji se s mnogo upornosti opiru prevodiocu. Opire se jezikom, opire se stilom; opire se i vremenom, baš zato što premašuje svoje. Prevodeći Servantesa, prevodim ga stvarno, prepuštajući mu se s oduševljenjem, ne izbegavajući, ne umrtvljujući, ne izostavljajući, ne skrivajući: prevodeći ga, sledim put izvornog prevodioca povesti o Don Kihotu, i prevodim baš ovako kako je ovde zapisano. I takvog, kako je zapisano, posvećujem ga njegovom prvom čitaocu.

Utorak, 5. oktobar

Prvi redovi. Don Kihote ili Don Kihot? Svakako Don Kihote, već kod Đorđa Popovića bio je Don Kihote. Posle su došli francuski đaci, prerade i dorade, osavremenjavanja, i prevod Đorđa Popovića ostao je bez onoga što je njegovo. Ali tek 1964. godine, Don Kihote je postao Don Kihot. Treba mu vratiti njegovo ime, zameniti ono skraćeno, koje je ionako trajalo svega četrdeset godina, iako i sama još grešim kada ga izgovaram na srpskom. *Don Quixotte*, Don Kišot na francuskom, ali i Don Kihoti na engleskom jeziku: engleski nije izgubio *e* na kraju.

Kakva neverovatna stvar, prve stranice, retko se viđaju u savremenim izdanjima. Procena, Svedočanstvo o štamparskim greškama, Kraljeva dozvola... Ceo jedan svet. Ima li smisla ostaviti te propratne tekstove u prevodu? Servantesovi nisu, a ipak... Eto kako se knjiga štampala pre četiri stotine godina. Osloboditi se straha, *Don Kihote* je knjiga kao i svaka druga. Da, ali teret autoriteta... Tu je Servantes da me oslobodi. Lako je s njim, i posle četiri stotine godina. Teret autoriteta prevoda. Kako danas, sto deset godina posle Daničara, a opet...? I Đorđe Popović me ohrabruje: „Možda bi tu i tamo prevod ispao tečniji i lakši, da sam hteo da budem slobodniji. Ali imajući u vidu, da je ovo prvi srpski prevod *Don Kihota* i da će on možda mnoge godine ostati i jedini prevod srpski, ja sam mislio, da po mogućstvu ne grešeći o srpski jezik, budem u prevodu što verniji, tako da mogu kazati, da Srbin, koji ne zna španjolski, sa poverenjem može da se osloni na moj prevod. Potonji prevodioci moći će već biti slobodniji. I onako bar svaka đeneracija trebalo bi da ima svoje prevode od klasičnih spisa.“

Tako smo došli i do osamdesetih godina dvadesetog veka, i tek onda – novi prevod. Duško Vrtunski, 1988, u napomeni beleži: „Nominativ je u ovom prevodu bio Don Kihote, kao što originalni izgovor nalaže, kao što su to sasvim ispravno dali i Đorđe Popović i Iso Velikanović, i kao što autentični oblik tog imena već gotovo sto godina egzistira u našoj prevodnoj književnosti. Izdavač je, međutim, insistirao da se i naslov i ime glavnog junaka preinači u *Don Kihot*, po uzoru na francuski izgovor *don*

Quichotte. Nikakvi moji razlozi nisu tu pomagali." Prevo-
diočev stav nije uvažen. Ja imam urednika koji prevodioca
poštuje i uvažava.

Subota, 9. oktobar

Ljudsko telo je čudo. Boli me leva ruka. Bojim se da će
me i desna izdati. Neće je ni meni odseći ako budem pisa-
la laži. Međutim, drugo me nešto muči. Imena. Imena i
titule. Kako da prevedem *ingenioso*, kako da prevedem *hi-
dalgo*. *Hijo de algo*, nečiji sin. Čegović. Kolenović. Sin od
nečega. Čegović. Promućurni čegović, naslov za komedi-
ju. Nije *Don Kihote* takva komedija, nije. Melanholika tre-
ba da razveseli, ali nije sprdnja. Pa onda *ingenioso*. „Inge-
niozan? A šta sve kažu rečnici? „*Ingeniosus*, darovit,
duhovit, oštrouman, dosetljiv, od naravi prikladan".. Ima
li u tome i nešto od onoga „*ingenuus*", „prirođen, priro-
dan, u slobodi rođen, plemenit, velikodušan, iskren, pro-
stodušan"? Mora biti da je Servantes i to imao u vidu. Da
li bi Don Kihota i Sančo tako nazvao? Ne bi, Sančo, ne.
Servantes je taj, već spolja, sa strane. Još tragati za tim šta
je ingeniozan. Veleuman? Đorđe Popović ostavio je veli-
ki zalog. Kako preći preko toga, kako zaboraviti, i laka
srca krenuti još jednom, kao da nema ničega pre? Ili, baš
našprotiv, kao da sve od pre stoji tu, preda mnom. Duho-
vit, darovit, dosetljiv, pronicljiv. Vujaklija *dixit*.

Pa onda imena. Da li je Sančo, dobri Sančo, Pansa, ili
je Trbonja? Da li je Sankas, ili Nogonja? Ima li smisla ići
tako daleko? Sančo Trpeza, dodaje Brana. Tako je, sve je-
ste tako, ali i nemački prevodilac je naslovio svoj prevod
Junker oklopnik iz Zemlje Mrlja. La Mancha može značiti
mrlja na španskom, ali ipak! Pa ceo svet zna za Sanča Pan-
su, za Rosinanta, a ja hoću da to budu Sančo Trbonja i
Ragabio. Servantes veli, raga je bio, a sad više nije: *rocín,
ante*!

Ali šta je *Don Kihote* kao knjiga? Ili su to dve knjige? Prvo *Maštoglavi* idalgo *Don Kihote od Manče*, pa onda *Drugi deo maštoglavog* viteza *Don Kihota od Manče*, od Migela de Servantesa, autora njegovog prvog dela. Između, *Drugi tom maštoglavog idalga Don Kihota od Manče*, Alonsa Fernandesa de Aveljanede. Da li su to knjige o istom junaku, posebne knjige, kao, recimo, o Megreu, o... ne o detektivu, o vitezu-lutalici? Dve posebne knjige. Jer na početku prve knjige, Don Kihote nije vitez. Tek kada ga krčmar zaredi, onda postaje vitez. U početku je samo *hidalgo*, *hijo de algo*, čegović, kolenović. U drugoj knjizi, mirno se može nazvati vitezom.

Uostalom, i Aveljaneda, taj zagonetni pisac apokrifne knjige o Don Kihotu, mogao je uzeti ime od Servantesa: „la historia de un hijo seco, *avellanado*, antojadizo" – sin suvi, spečeni, ili žilavi – kao drvo leske, kaže španski leksikograf Sebastijan de Kovarubijas 1611. godine – mušičavi... kome je Servantes *očuh*, a ne otac. Zašto očuh?

I još: „Ne želim da pred tobom veličam uslugu koju ti činim što te upoznajem s tako plemenitim i časnim vitezom; ali želim da mi budeš zahvalan što ćeš saznati za čuvenoga Sanča Pansu, njegovog štitonošu, u kome ti, po mom mišljenju, dajem pobrojane sve miline štitonoške koje su po gomilama ispraznih viteških knjiga rasute." Don Kihote, i jeste, i nije; ali Sančo Pansa, moj Trbonja, moj Nogonja, e, to je lik do kojeg je Servantesu stalo. To je onaj na kome čitalac treba da bude zahvalan. „Aha", kaže J. „U pravu je Kafka..."

Nedelja, 10. oktobar

I dalje tražim reč za špansku *hidalgo*. Junker, seoski plemić-oklopnik iz Mrljozemlje: *Juncker Harnisch aus Fleckenland!* Junker, džentlmen, džentri, šljahtić? Čegović, kolenović, ili prosto idalgo? Pronicljivi idalgo? Ingeniozni blagorodnik? Ingeniozni idalgo i pronicljivi kolenović. Ne, rešenja još nema.

A šta s napomenama, beleškama i učenim stvarima? Evo, Servantes im se podsmeva u Prologu. Da, on govori o svojoj knjizi, a ne o prevodu, mada, nije li *Don Kihote* po Servantesu prevod? Div Golijat, knjiga o Carevima, kaže. Nije, nego Prva knjiga Samuilova. Ali što je to važno? Sve što nije važno za *Don Kihota*, nema značaja. Izostaviti svaku napomenu? Vredi pokušati.

Odlučila sam da pokušam da radim drugačije nego ikada do sada. Da prevodim svako poglavlje kao zasebnu priču. Što znači, ne prelaziti na sledeće dok ono prethodno ne doteram najbolje što umem. Svaki prevod je ipak samo utopijska želja, podseća me Ortega i Gaset.

Utorak, 12. oktobar

Día de la Raza, rekao bi Unamuno. Dan kada je Kolumbo kročio na Hispaniolu. U Ameriku. Gledam omaške koje sam napravila u *Žitiju Vrdalame*, znam da će ih biti u *Don Kihotu*. Zašto me ipak *Don Kihote* više brine od *Vrdalame*? Ipak je *Don Kihote* najbolji roman svih vremena, rekli su nedavno najpoznatiji svetski pisci.

Dobila sam *Magazine Littéraire* iz 1997. godine. Dosije posvećen Servantesu, povodom 450 godina rođenja. Tada se pojavio prevod Alin Šulman. Prikazivač se divi njenom prevodilačkom stavu: poslovice treba prevesti odgovarajućim poslovicama, a ne doslovno. Vijardo ih je prevodio doslovno. Žan Kasu (prema starim prevodima) ih je ostavio doslovno. Francuski znalci prevođenja, među njima i meni posebno dragi Antoan Berman, imaju sklonost ka takvom vidu prevođenja. A čitaoci? U isto vreme, kaže tekst, radi se i novi prevod za Plejadu. Ko je prevodilac? Otkrivam: to je trenutno najpoznatiji francuski istraživač Servantesovog života, Žan Kanavađo.

Kako prevoditi poslovice? Kako postupati s imenima? Rosinante je za sada Preraga. Varijanta Ragabio nije dovoljno valjana. Veleraga? Kao omaž Daničaru. Šta sa prezimenima Don Kihota? I samo ime Kihote, opet znači. Imena, poslovice: eto celog jednog stava o prevođenju. Toliko mnoštvo jezika! Servantesov, u Prologu, pa pripovedačev, pa Don Kihotovi – razni – jezici, pa Sančovi – opet razni! Svakome treba uhvatiti ton, i menjati registre, kao u džez-improvizacijama, na zadatu partituru.

I još jedno: sada mi se čini da u *Vrdalami* ima previše aorista. Dok sam prevodila, izlazio mi je nekako prirodno, sasvim na mestu. Kada sad čitam svoj prevod, nekako mi je preterano zatrpan tim aoristom. Treba voditi računa o tome. Aorist je malo u upotrebi danas, ne sme ga mnogo biti ni u *Don Kihotu*.

Majka Kevedovog junaka, vrdalame Pablosa, zvala se Aldonsa. Pablos jaše na ragi kad ga izvrgavaju ruglu kao cara pevaca. Don Kihote nailazi na prostitutke već u prvom svratištu, kao i Pablos i Dijego u krčmi na putu za Alkalu. Astrana Marin govori o noveli o Don Kihotu koja je morala kružiti iz ruke u ruku i biti vrlo poznata i čitana nekoliko godina pre nego što je Servantes objavio roman. „Svratište nije baš dvorac“, kaže Pablosov ujak u *Vrdalami*. Kevedo je svoju knjigu pisao u isto vreme, i Servantes i Kevedo su 1604. bili u Valjadolidu. Ili su u pitanju neka opšta mesta? Intertekstualnost koju ja nalazim, kao čitalac iz XXI veka, ili igrarija i nadmetanje. Pa i Servantes se mogao poigrati tekstom nekog studenta, pisca-početnika, naročito ako se i ovaj njegovim tekstovima isto tako poigravao.

Sreda, 13. oktobar

Terebintska dolina, Terpentinska dolina. Ima li još naziva na srpskom jeziku za terpentinsko drvo? Neki francuski komentator biblijskih izraza napominje da „slabiji prevodioci prevode reč *terebinthe* i kao hrast". Kod Daničića stoji, hrast. A dolina se zove Ili. U jednom našem biblijskom rečniku takođe stoji dolina Ili. Šta je Ili? Izostavljanje fusnota i objašnjenja postavlja niz problema. Kako da prevedem ono Don Kihotovo „'Laže', preda mnom, bedni kmete" – kad je u tome „laže" cela jedna duga priča o viteštvu i opovrgavanju. Vitezu se ne sme reći da laže, a ne sme se reći da laže ni onaj na čiju je stranu vitez stao, jer to je opet isto što i reći samom vitezu da laže... i tako u krug.

U prvoj glavi, tamo gde se opisuje kako se Don Kihote hranio, kaže se da je subotom jeo kajganu sa čvarcima. I tu je cela priča smeštena, mada je rešenje mnogo lakše: u Kastilji se, naime, petkom postilo, i nije se jelo meso. Subotom je, međutim, bio običaj da se takođe sprovodi neka vrsta posta, tako što se nije jelo meso, ali se jelo sve drugo od mesa i živeži: jaja, iznutrice, glave, papci... Post uz iznutrice i papke kod nas bi se teško mogao nazvati postom, i tako nešto bi izazvalo smeh kod čitalaca. Post subotom još je jedan element čuđenja. Međutim, sve to nestaje pred čitaocem srpskog prevoda – nestaju, doduše, i „*duelos y quebrantos*", koji, odista, i tu je Daničar velik, kod španskog čitaoca stvaraju asocijaciju sličnu ovoj kod nas sa „božjim obojcima" – kom opanci, kom obojci, moglo bi se reći. Još jedna priča. U *Don Kihotu* takvih ima bezmalo uz svaku reč.

Četvrtak, 14. oktobar

Još jednom o terpentin-drvu ili smrdljici: smrdljika je najrasprostranjenije ime, prema *Botaničkom rečniku* Dragutina Simonovića. U dolini Trementine, Smrdljike ili Terpentin-drveta?

Četvrta glava. Trgovci? Hristos je trgovce isterao iz hrama. Don Kihote je dobio batine od trgovaca. Pa onda

peta glava, Servantes kaže, „ništa manje istinito nego čuda Muhamedova" – kako bez fusnote reći da islam odbacuje Muhamedovu čudotvornu moć, i da su se Muhamedu među hrišćanima pripisivala čuda koja su u stvari bila
besmislice i obične stvari?

Petak, 15. oktobar

Kada pop govori o izvesnom gospodinu kapetanu koji je Ariostovom spevu oduzeo mnogo od njegove prirodne vrednosti, u stvari govori o prvom prevodiocu *Besnog
Orlanda* na španski, kapetanu Heronimu Himenesu de
Urei, koji je svoj prevod objavio 1549. godine. Prevodioci, stvarni ili izmišljeni, stalno su prisutni u *Don Kihotu*.
Da li je Servantes prevodio? Da li je objavljivao svoje prevode pod pseudonimima? O svojim knjigama rasutim pod
tuđim imenima govori u *Prilogu uz Parnas*, objavljenom
pred kraj Servantesovog života.

Četvrtak, 28. oktobar

Prethodnih dana, u antikvarijatu sam našla prvi prevod
na srpski *Besnog Orlanda*. Stvar zadivljujuća, ta godina
1895. Godina kada se prvi put pojavljuju neka od najve
ćih dela evropske književnosti u prevodu na srpski. Kakvo
vreme. Đorđe Popović piše svoj pogovor, Stanojević piše
svoj. Stanojević kaže da je napisao i celu knjigu o tom prevodu. Treba je potražiti. Izdanje je SKZ, cenzurisano, za
narod. Puno izdanje štampano je samo u 500 primeraka,
za kupce. Ostalih 9.000 za članove Zadruge.

Prevod zamišljen i kao kritika tehnike pisanja stihova
na srpskom. Prevodi-utemeljivači srpskog književnog jezika. I srpske književnosti, možebiti.

Svi pitaju zašto novi prevod, zašto, šta ne valja sa starim? I ponovo, i ponovo: temeljna dela svetske književnosti čitaju se uvek iznova. I sva ova pitanja vraćaju me neizbežno na ono osnovno: šta je u stvari prevod? Čemu ponovo glumiti Hameta, posle Lorensa Olivijea? A onda se pojavi Kenet Brana. Da li je to zato što je ser Lorens Olivije bio loš? Ne verujem da bi bilo ko tako nešto rekao. Ne verujem da bi se bilo ko i upitao zašto je Brana ponovo glumio Hamleta.

Subota, 30. oktobar

Kako govori Don Kihot, ili Don Kihote? Kako Sančo, Pansa-Trbonja? Ima li tu one nedovoljne povezanosti u celinu o kojoj govori Stanojević kod Ariosta? Orlando je poludeo zbog ljubavi, Don Kihote zbog knjiga.

Na više mesta mogu se naći tragovi Don Kihotove hristolikosti: Sančo ostavlja ženu i decu da bi ga sledio (Jevanđelje po Mateju, 19 : 29, u glavi sedmoj, i Matej 26 : 51–52 u glavi osmoj, kada mu Don Kihote zabranjuje da ga brani mačem), ali i na Izlazak, 15 : 21 (konj i konjanik su bačeni). Sam Don Kihote govori „ja znam ko sam" – ima li tu još neka aluzija osim one „ja sam onaj koji jesam" – to jest, Gospod Bog?

Petak, 5. novembar

Prošlo je mesec dana otkako sam počela da prevodim *Don Kihota*. Još dobro imam na umu, a tako će, verujem, ostati i posle kraja, pitanje koje mi postavljaju iz raznih razloga, dobronamernih i nedobronamernih: zašto novi prevod? Uradiću novi prevod; on neka za sebe govori zašto je sačinjen. Kao kritika ranijih prevoda? Ne nužno, možda kao razmišljanje o svojoj potrebi da ga prevedem.

Oduvek sam želela da prevedem *Don Kihota*. Sanjala sam o tome i kao student, i kao prevodilac-početnik. Izdavač je želeo da objavi nov prevod *Don Kihota*. Španska vlada mi je finansijski pomogla da se toga i poduhvatim. I jednima i drugima ne nalazim reči da dovoljno zahvalim na sreći koju su mi pružili. Da li bi mi bilo teže da ovaj prevod radim kao što je Servantes radio svoj tekst? U izvesnom smislu, svakako bi, životno. Ovako, teže mi je samo profesionalno. Pružena mi je svaka prilika, moje je da ne izneverim, da sastavim prevod koji će pokazati da je dostojan datog poverenja. Kao omaž prvom prevodiocu, Đorđu Popoviću? I to, delimično. Znam, generacije napamet znaju pojedine rečenice njegovog prevoda. Srpski jezik, međutim, otišao je predaleko da bi više dopuštao da Daničarov prevod ne bude leksički, pa i sintaksički zastareo već prilikom prvog preštampavanja, 1938. godine.

Oklevam oko latinskih citata iz Biblije, ali sam se ipak odlučila da ih ne dam u srpskom prevodu Vuka i Daničića, nego, umalo da napišem, „u originalu", hoću da kažem, u latinskom prevodu. Koji je, iz razloga što ih se na ovom mestu neću doticati, važio za original. Druge citate, klasičnih pesnika, ostavljam u originalu. Možda ni svođenje višejezičkog teksta originala na jednojezički tekst prevoda ne bi bilo neopravdano: latinski i italijanski, koje Servantes koristi, bili su mnogo bliži i razumljiviji Špancu, čak i ako ne uzimamo u obzir čitaočevo obrazovanje, nego što su to srpskom čitaocu.

Čitam kako Vrtunski piše o poslovicama, i da ih ne treba prevoditi, i da je loše prevesti špansku poslovicu biblijskom: ne bih mogla reći da je bilo koji od postupaka s poslovicama i izrekama nelegitiman, pitanje je prevodilačkog stava koji će se postupak izabrati. Mora li taj postupak da bude dosledno sporvođen na isti način kroz celo delo? Ne, čak ni to: bitno je da „u tom ludilu ima sistema": znam zašto sam poslovicu na jednom mestu prevela doslovno, a na drugom dala srpski ekvivalent.

Drugi prevodi imaju napomene koje su prevodioci smatrali za nužne; ne svi: francuski prevod Aline Šulman nema napomena. Ostali ih imaju po najviše stotinak. Može li se izbeći svaka napomena u dnu stranice? Evo Servantesovog Prologa da pokaže kako napomene mogu biti pretenciozne. S druge strane, one mogu – ne nužno – biti znak prevodilačke slabosti i neumeća. Ili potcenjivanja čitaoca, besposlenog čitaoca, koji, svakako, neće biti da je zato i neobrazovan.

Subota, 6. novembar

U Španiji u vreme dinastije Austrijanaca, plemićka hijerarhija protezala se od *grandes de España*, preko *títulos*, do bogatih *caballeros* i običnih *hidalgos*, čije povlastice su bile svedene na to da su bili oslobođeni većine poreza i nameta, kao što je, na primer, snabdevanje vojnih trupa u prolazu.

Počev od drugog poglavlja, podražava stil viteških romana, koje je pokušavao da piše, dok nije odlučio da ih živi. Kako ga prevesti, kako dati odgovarajući stil? Koja literatura je kod nas najpogodnija za to? Narodna pesma prva pada na um.

Stvaralački duh koji ga navodi da život živi kao umetničko delo. Kad iziđe na zadnja dvorišna vrata, njegov običan, svakodnevni govor pretvara se u arhaičan govor junaka iz knjiga. Ne samo viteških romana, raznih knjiga koje je čitao. I sestričina to kasnije potvrđuje: nije Don Kihote podložan samo viteškim, nego svakoj vrsti fikcije koju čita. „Njegov idealizovani, knjiški jezik, sudara se sa raznovrsnim i raznorodnim jezicima stvarnosti koja ga okružuje, i tako se roman otvara ka bogatoj višejezičnosti, do tada nikad pokušanoj u jednojezičkoj fikciji toga doba.“ Obred stupanja u viteški red shvatao se kao ritual prelaska iz mladosti u zrelost, uz metaforičku smrt (otuda *bde-*

nje) i potom, uskrsnuće ili ponovno rađanje, dobio je duboko religiozno značenje, s elementima svetotajstva. Stručnjaci za *Don Kihota* morali su i sami postati Don Kihoti: pišu, s najvećom ozbiljnošću, o tome kako i zašto Don Kihotov obred zaređivanja za viteza nije punovažan, ima li ili nema prava da stavi *don* ispred svog imena (titulu *don* smeo je nositi *caballero*, ali ne i *hidalgo*). Ali, kao što reče Don Kihote, „i Torbice mogu biti vitezi".

Popodne

Današnjem čitaocu nema potrebe objašnjavati ko je Lanselot: niz filmova o vitezima Okruglog stola, Ekskaliburu, kralju Arturu, učinili su ovu srednjovekovnu legendu široko poznatom tokom XX veka. Viteški običaji takođe su poznati današnjem čitaocu, opet najviše kroz filmsku umetnost. Tako je i Teri Gilijam pokušao da napravi svoju verziju *Don Kihota*, film koji nikada nije snimio, i koji je trebalo da se zove *Čovek koji je ubio don Kihota*. Njegovi studenti su, međutim, snimili dokumentarac o tome kako film *nije* snimljen, i nazvali ga *Izgubljeni u Manči*. Tu se može videti šta se desi kad se Don Kihote razboli, dobije diskus herniju, i ne može da uzjaše konja. I šta se desi kada se u sve umešaju osiguravajuća društva i raspravljaju da li je diskus hernija viša sila. Teri Gilijam, uveren, između ostalog, i da postoji „Don Kihotovo prokletstvo", u snimanju svog filma je pošao od pretpostavke da svi znaju ko je Don Kihote, ali niko nije pročitao knjigu. I od toga da je za današnjeg gledaoca filmova, XIII i XVII vek jedna te ista stvar. Da li učiniti *Don Kihota* savremenim znači da ja kao prervodilac treba da budem poput Jenkija na dvoru kralja Artura?

Pisci viteških knjiga često su predstavljali svoje tekstove kao prevode. Time su pojačavali egzotičnost. Šta, u stvari, radi Servantes kada *Don Kihota* predstavlja kao prevod knjige Sida Hamida?

Glava deveta, pisac i prevodilac, kupovina knjige na pijaci u Toledu: pisac koji je kupio svoju knjigu. Koliko autoru-prevodiocu vredi knjiga, koliko ju je platio i koliko bi još platio za nju? Koliko vredi prevodilački rad, i koliko traje? Uvek novi prevod. Moderno doba i trgovina, prevodilac još radi u naturi... Od suvog grožđa i žita, koje prevodilac Morisko uzima kao platu, pravio se kuskus.

I dolazim do čuvenog mesta o tome šta je istorija, koje Borhes vrti i obrće u Pjeru Menaru. Da li je to kod Servantesa ovako ili onako? A tek kod Borhesa? Šta je istorija, kad se sve uzme u obzir, po Servantesu, i šta tu Borhes zaista piše?

Nedelja, 7. novembar

Bijesni Rolando, *Mahniti Orlando*, prevod Dragiše Stanojevića, jedini srpski, neće biti od velike pomoći: baš ono što je u *Don Kihotu* potrebno, toga nema. Ona rečenica o devicama celim kao majka koja ih je rodila je iz *Orlanda*, ali u prevodu su ti stihovi izmenjeni. Ublaženo je sve: i scena pada s konja, a sam stih u u kojem Ariosto govori o devicama potpuno je izvrnut, tako da nema nikakve ironije, i značenje je suprotno. Osim toga, prevodilac kaže da su mu izbačene pedeset i tri strofe, i neki delovi izmenjeni, da bi čitaoci mogli bez zazora da drže knjigu u svojim kućama. Osim nekoliko stotina povlašćenih...

Zatim greške – da li su greške – kao ona u naslovu desetog poglavlja. Premeštanje delova, najava kasnije radnje... Takođe, greške u računanju: pronalazim kod prevodioca na engleski Edit Grosman kako je veliki znalac Martin de Riker smatrao da sedamdeset i tri kao rezultat od sedam puta devet može biti i Servantesova šala na sopstveni račun, jer je bio u zatvoru zato što je pogrešno vodio račune.

Don Kihote pribegava romanseru i viteškim romanima da bi objasnio šta mu se dešava, a i pisac čini isto, samo što su njegova čitanja druga. Niz aluzija i citata iz Svetog pisma slede u XI glavi. Autorova čitanja su, dakako, mnogo šira i raznovrsnija. Don Kihote se poziva na niz opštih mesta iz renesansne književnosti, i priprema čitanje sledećih poglavlja. Ponovo slobodne devojke, kao one iz devetog poglavlja, „nevine kao majka koja ih je rodila". Cenzura, u stvari, uvek je najpre i najviše u glavama čitača: kako bi inače postojali cenzori?

Već od prvih reči koje Don Kihote govori Sanču, sve upućuje na Sveto pismo: Prva poslanica svetog Pavla Korinćanima, 10 : 16–17.

Sreda, 10. novembar

Neki komentatori kažu da bi reč „osveta" mogla biti pogrešna, čak i u izrazima „osvetiti se za uvredu". Osvetoljubivost, odista, nije osobina koja postoji u Don Kihotu. Mora li se pronaći druga reč za to? Da li ovu primedbu treba uzeti ozbiljno, ili je ipak u pitanju preterivanje komentatora? Treba li smatrati da to što Don Kihote nije bio osvetoljubiv znači da se nije svetio za nepravde? Ali, sam kaže da je osvećivanje nepravdi njegovo pozvanje u životu.

Erazmo i Ariosto – pažljivi čitalac Servantes unosi vidljive tragove njihovih dela, *Besnog Orlanda* neposredno i neskriveno, i *Pohvale ludosti*, ništa manje neposredno, ali prikrivenije. Ova Erazmova knjiga je u Španiji stavljana na indeks zabranjenih knjiga dva puta, 1545. i 1598. godine. Ipak, Servantes ju je svakako mogao čitati u Italiji, nabaviti je u italijanskom prevodu, kao što je čitao i *Orlanda* na italijanskom i govorio o lošem španskom prevodu u poglavlju o pretresanju biblioteke.

Veza između Kevedovog *Vrdalame* i *Don Kihota*: zanima me otkuda sličnost u nekim epizodama i detaljima: miljama dugačka raga, dve kurve u konačištu, a konačište je prvo mesto gde dolaze i Don Kihote i Vrdalama: da li su to uobičajeni motivi iz stvarnosti, ili iz literature? Godina nastanka je, svakako, prva i najupadljivija veza: Servantesov *Don Kihote* izlazi iz štampe u decembru 1604, noseći 1605. godinu na koricama, a i Kevedo piše *Vrdalamu* negde 1604–1605. Da li je mogao čitati *Don Kihota* u rukopisu? I Servantes i Kevedo su u to doba živeli u Valjadolidu, gde se tih godina nalazio španski dvor. Što je podrazumevalo i značajan umetnički život u tom gradu. Zapanjila me je hladnoća i sivilo tog grada kada sam u njega prvi put stigla, marta ili aprila 2001. godine. Ali se, moram priznati, pokazao i mrak ranijih vremena, ne samo mrak XX veka, nego i onaj iz XVI–XVII. Koji su i Servantes i Kevedo svojevremeno morali videti. Da li je Valjadolid veza koja je obojicu dovela do Erazma?

Alžirski sužanj
Tokom novembra

U svojoj dvadeset i drugoj godini, bežeći iz Španije posle dvoboja, osuđen na desetogodišnje progonstvo i odsecanje desne ruke, Migel de Servantes se 1569. godine obreo u Rimu, u pratnji mladoga kardinala Akvavive. Tamo je, pre nego što će postati vojnik, naučio toskanski. Tamo je čitao Petrarku, Bojarda, Ariosta, Bokača, Sanacara, Tasa, Lava Jevrejina. Tamo je, poput svojih junaka iz *Persila i Sigismunde,* gledao slike Rafaela i Mikelanđela, u Sikstini. Na jednom od španskih brodova koji su 7. oktobra 1571. godine sa Turcima vodili bitku na Lepantu, ratovao je i vojnik Migel de Servantes. Svedoci pričaju kako je, mada ga je tresla groznica, zbog čega mu je komandant savetovao da ostane ispod palube, izišao da se bori na najopasnijem mestu, na pomoćnom brodu preko kojeg je prodirao neprijatelj. Tokom bitke ranjen iz kremenjače, i od rana – kao i zbog neiskustva lekara, siruhana, dodaje francuski istoričar Fernan Brodel – ruka mu je ostala onesposobljena. U bolnicu u Mesini stigao je 31. oktobra, i u njoj ostao sve do 24. aprila 1572. Bezmalo šest meseci. Do kraja te, 1572. godine, vidimo ga kako, sa svojih 11 dukata mesečno, zajedno sa drugim „papagajima", kako su španske vojnike zvali zbog njihove šarene odeće, luta ulicama Mesine. Vidimo ga u pohodima na Tunis koji kreću iz Mesine i Napulja, tokom 1573. godine. Vidimo ga u zimu 1574. u Napulju, pa. u maju u Đenovi, u oktobru u Palermu. Celu jesen 1574. provodi na Siciliji, u Palermu, i ponovo u Napulju, gde je, kako beleži u *Licencijatu Staklenku*, boravio „više od godinu dana". Bilo je to vreme kada je gotovo cela Italija, osim Venecije, Savoje i Papske države, bila pod vlašću Španije. Posle šest godina provedenih u Italiji, posle četiri godine u vojnoj službi, odlučio je da se vrati u Španiju.

Dana 6. ili 7. septembra 1575. godine, braća Migel i Rodrigo de Servantes u Napulju su se ukrcali na brod koji ih je imao povesti u Španiju. Migel je nosio pismo don Huana od Austrije, glavnokomandujućeg španskih snaga u bici kod Lepanta, polubrata cara Filipa II, kao i pismo vojvode od Sese, napuljskog potkralja; ona su potvrđivala Servantesovo vojničko junaštvo, i trebalo je da mu posluže da dođe do neke dobre službe u Španiji. Umesto službe na dvoru, te su mu preporuke donele mnoge nedaće, ali mu možda i spasle život u sužanjstvu. Putovali su na galiji Sol, koja se 18. septembra ukotvila u luci blizu Marseja, a zatim, nošena burom, spustila se do Nice, odakle je nastavila put ka Španiji. Presreli su je turski gusarski brodovi, već nadomak Španiji, 26. septembra 1575. godine, zarobili putnike, i odveli ih kao sužnje u Alžir. Servantes je tada imao 28 godina.

Servantes je bio sužanj u Alžiru od 1575. do 1580. godine. To je burno vreme u istoriji Španije i Sredozemlja. Burno vreme i u Servantesovom životu. Jedan od važnih izvora biografskih podataka o Servantesu, *Topografiju i istoriju Alžira*, knjigu objavljenu 1612. godine, potipisuje izvesni otac Dijego de Aedo, za koga nikada nije otkriveno da li je zaista postojao, ili je u pitanju pseudonim. Na ovu knjigu Servantesovi biografi se često pozivaju kada pišu o alžirskom razdoblju Servantesovog života. Smatraju da je to delo mogao napisati Antonio de Sosa, Servantesov prijatelj iz zatočeništva. Servantista Danijel Ejsenberg, čak, dokazuje, i to sa mnogo uverljivosti, da je Servantes pisac *Topografije*. Drugi, opet vele, ma koliko pomisao na Servantesa kao pisca istorije i topografije bila zavodljiva, i mada je čak vrlo moguće da je napisao prolog za ovu knjigu (jedan od onih zagonetnih, mnogoznačnih, ironičnih, servantesovskih prologa), ima i prilično argumenata koji osporavaju njegovo autorstvo. Kako bilo, onim što izvesno jeste napisao, a pre svega *Don Kihotom*, Servantes je ostao autor koji se smatra učiteljem pisaca istorijskog romana. Servantesov realizam, međutim – podseća Borhes – nije nalik realizmu XIX veka: on „neizmernim prostranstvima iz viteških romana o Amadisu suprotstavlja prašnjave drumove i prljava konačišta Kastilje, kao kada bi pisac iz našeg vremena isticao parodijski smisao benzinskih pumpi". Opisani doživljaji iz sužnjevanja u Alžiru, u *Don Kihotu,* za razliku od prašnjavih mančanskih drumova, egzotični su i daleki, ali jednako istiniti. Puni užasa, ali i nostalgije, muka robovanja, ali i radosti ljubavi.

Alžir je bio ogroman konglomerat rasa i kultura: bilo je tu nomadskih Beduina, i muslimana proteranih iz Španije 1492, i Turaka, pridošlih kada je veliki gusar Hajrudin Riđobradi stavio Alžir pod sultanovu vlast, i Jevreja iz Španije i Magreba, i ponajviše, poturica, kojih je u ovoj prestonici gusarenja bilo više od polovine. Pisac *Topografije* beleži: „Turci verom su svi oni renegati koji su, po krvi i roditeljima hrišćani, od svoje volje postali Turci... Njih i njihove dece, samih za sebe, ima više nego svih drugih stanovnika, Mavara, Turaka i Jevreja u Alžiru." I nastavlja da nabraja: „Nema hrišćanskog naroda na svetu iz kojeg nema poturica u Alžiru. I počev od dalekih oblasti Evrope, u Alžiru ima poturica Moskovljana, Rusa, Vlaha, Bugara, Poljaka, Mađara, Čeha, Nemaca, Danaca i Norvežana, Škotlanđana, Engleza, Iraca, Flamanaca, Francuza, Navaraca, Baskijaca, Kastiljanaca, Galicijaca, Portugalaca..." Spisak je predugačak da bismo ga ovde celog prenosili. Ima tamo i Srba, iz Dubrovnika, i odasvud. Osim poturica, u Alžiru je i dvadeset i pet hiljada sužanja, najvećim delom Evropljana.

U vreme najvećeg uspona, Alžir je imao veliku autonomiju u odnosu na Istambul, tako da su ga čak smatrali nezavisnim kraljevstvom. „Alžir na vrhuncu svoga uspona, između 1580. i 1620. godine, i haje i ne haje, kako mu kad odgovara, za sultanova naređenja", beleži Brodel u svojoj istoriji Sredozemlja. Zauzimao je prostranu teritoriju, bezmalo veličine današnjeg Alžira, izuzev Sahare. U tom šarolikom društvu, sa više od polovine stanovništva sastavljenog od Evropljana koji su primili islam, govorila se mešavina arapskog, turskog, italijanskog, kastiljanskog, a kasnije i portugalskog, svojevrsna *lingua franca* – starija nego što bi se moglo pomisliti, jer se u svetu sredozemnih moreplovaca javlja još u srednjem veku – koju Servantes opisuje u više navrata.

O mogućnostima brzog uspona u tom društvu, Brodel beleži: „Gusari, to je 'američki' svet. Neko ko je bio čobanin, može u tome svetu postati kralj Alžira." – U vreme kada je Servantes odveden u Alžir, njime je vladao Ramadan Paša, koga su kao dete oteli sa Sardinije, dok je čuvao koze. – „Biografije srećnih dobitnika na toj lutriji pune su uspeha za divljenje. Kada su 1569. godine Španci hteli da pridobiju Uludž Aliju, malog kalabrijskog ribara koji je postao 'kralj' grada i koji će uskoro zadiviti svet uzdižući sultanovu mornaricu, ponudlili su mu titulu i posed markiza...“ U vreme bitke na Lepantu, Uludž Alija bio je kapudan paša, komandant turske mornarice. U tom svetlu, pitanje koje Ejsenberg postavlja u jednom od svojih članaka – zašto se Servantes vratio iz Alžira? – dobija izvestan smisao. I kao najvažniji zaključak ostavlja: vratio se zato da bi mogao pisati priče.

Gusarskim brodovima, koji su napali galiju Sol na kojoj je putovao Servantes, komandovao je čuveni gusar Mami Arnaut, albanski poturica. On je zarobljene putnike sa galije, zajedno sa Migelom de Servantesom i njegovim bratom, poveo u Alžir. Servantes je u Alžiru, prilikom raspodele sužanja, dodeljen gusarskom kapetanu Dali Mamiju Hromom, grčkom poturici. Gazda za njega traži pet stotina zlatnih škuda. Za Migelovog brata Rodriga, traži tri stotine. Kada su pronašli pisma Huana od Austrije, kraljevog brata, i Napuljskog potkralja, vojvode od Sese, gusari su pomislili da je Servantes važna ličnost za koju će moći da dobiju značajan otkup. To je učinilo njegovo oslobađanje težim, ali mu i omogućilo izvesne udobnosti u zatočeničkom životu. Omogućila mu da bude „sužanj iz banje“, a ne „sužanj iz magacina“, kako kaže kapetan Vijana u *Don Kihotu*. „Sužanj iz banje“, to je značilo da je postao vlasništvo nekog uglednog gusara, koji se o njemu starao kao o imovini koja ne sme propasti, dok je „sužanj iz magacina“ bio opšte vlasništvo, roblje koje je korišćeno za najteže poslove. Otkup je za njega, međutim, samo porodica htela da plati, a ona je bila osiromašila. Servantes je odlučio da pobegne iz Alžira, i to je pokušao četiri puta. Sva četiri puta nije uspeo. Prvi pokušaj bio je januara 1576. godine, nekoliko meseci pošto je dopao sužanjstva. Bekstvo nije uspelo zato što je Mavarin koji je trebalo da odbegle sužnje, među kojima i Migela i Rodriga Servantesa, odvede do španskog utvrđenja u Oranu, napustio već prvog dana, te su se begunci, ne poznajući put, morali vratiti u Alžir, gde su ih bacili u okove.

Godine 1577, Migelov brat, Rodrigo, za koga je traženo manje novca, bio je otkupljen. Porodica nije imala novaca da otkupi obojicu. Zato je Migel smislio plan kako da mu brat pomogne da oslobodi sebe i još četrnaest sužanja. Septembra 1577, Servantes i njegovi drugovi sakrili su se u pećini nedaleko od obale, čekajući brod koji je stizao sa Majorke, pod komandom bivšeg sužnja Vijane (tako će se zvati i sužanj koji priča svoju povest u *Don Kihotu*), koji je trebalo da ih odvede u slobodu. Brod je dva puta uzaludno pokušavao da pristane, nije u tome uspeo, a sužnje skrivene u pećini odao je izvesni Dorador. U pomenutoj *Topografiji Alžira* je zabeleženo da su „svi uhvaćeni, a naročito su ruke svezali Migelu de Servantesu, uglednom hidalgu iz Alkale de Enares, koji je ceo taj posao smislio, i zato, bio najkrivlji." Ipak, tadašnji gusarski kralj Alžira, Hasan Paša – sin siromašnog venecijanskog čamdžije, koga su odveli u roblje kao brodskog malog na mletačkoj galiji koju su oteli gusari, i koji je potom prešao u islam, postao ljubimac moćnog Uludž Alije, a na kraju i jedan od najsurovijih alžirskih vladara – kao najkrivljeg je kaznio vrtlara koji je odbeglim sužnjima pomagao u bekstvu: obesio ga je za jednu nogu, i ostavio ga da tako visi do smrti. Servantesu je oprostio život, zatvorio ga u „banju", odnosno, tamnicu i tamo ga, u lancima, ostavio nekoliko meseci. Pisac *Topografije Alžira*, pošto je ispričao ovu epizodu, kaže: „O sužanjstvu i podvizima Migela de Servantesa mogla bi se napisati posebna povest."

Marta 1578, Servantes je smislio treći pokušaj bekstva, ponovo u nadi da će kopnom stići do Orana. Tamo je poslao Mavarina sa pismima za zapovednika utvrđenja, u kojima mu objašnjava plan i moli da mu pošalje vodiče. Ali glasnik je uhvaćen, našli su mu pisma, i nabili ga na kolac. Iz pisama je bilo jasno da je Servantes taj koji je smislio plan bekstva. Hasan Paša ga je osudio na dve hiljade udaraca šibom, ali tu kaznu nije sproveo u delo. Ponovo mu je oprostio.

U Španiji su, za to vreme, Migelovi roditelji neprestano tražili načina da sakupe dovoljno novca za otkup. Dana 17. marta 1578. njegov je otac, stari vidar, siruhano, pisao u Madrid, dokazujući kako je Migel bio valjan vojnik u mnogim pohodima, među kojima u bici na Lepantu, gde je bio ranjen. Navodi i mnogobrojne svedoke. Nije uspeo da dobije dovoljno novca.

Servantes je četvrti put pokušao bekstvo u jesen 1579, fregatom koju je kupio od nekog valensijanskog trgovca – gusarska gnezda poput Alžira su bila i stecišta trgovine – i u kojoj se moglo prevesti šezdeset zatočenika. U trenutku kada su već bili nadomak uspehu, izdao ih je bivši dominikanac, takođe sužanj, Huan Blanko de Pas, i prijavio Hasan Paši. Servantes se sakrivao nekoliko meseci, a onda se sa prijateljem, gusarskim vođom reisom Muratom zvanim Maltrapiljo, poturicom iz Mursije, pojavio pred Hasan Pašom i još jednom rekao da je on jedini krivac za bekstvo. I po treći put, Hasan Paša mu je oprostio život, ali ga je zatvorio u tamnicu u svojoj palati, u bukagijama. Blanka de Pasa, potkazivača, Hasan Paša je za izdaju nagradio jednom škudom, i ćupom masti. Nagrada koju musliman daje izdajici kao da je napisana Servantesovom rukom. Ćup svinjske masti!

Tih su godina gusarski napadi izuzetno česti. Nemaju samo turski gusari monopol. Naspram gusarskih gnezda u Otomanskom carstvu, Malta i Livorno su hrišćanski Alžiri: i oni imaju svoje tamnice, svoju trgovinu robljem. Sančo de Lejva, koga pominje i Servantes u ovde prevedenom zapisu, godine 1563. predlaže da se sa nekoliko galija sa Sicilije pođe na berberske obale, *da vidi hoće li se domoći nekog roblja*, veli. Međutim, „sve do Perćelesa, četvrti razbojnika i podvodača u Malagi, gusari dolaze da otimaju ljude", piše Pedro de Salasar 1570. godine. I tu nam se pokazuje jedan istiniti detalj u lažnoj priči u odlomku iz Servantesovog *Persila i Sigismunde* koji prevodim: upravo tu, u Perćelesu, kaže da je bio zarobljen jedan od studenata skitnica. Valensija je pod stalnom pretnjom, Napulj je pod opsadom (u julu 1561, petsto ljudi od gusara ne može da pređe iz Napulja u Salerno), Sicilija i Baleari su opkoljeni. Sve su to obale okrenute Severnoj Africi. Ali ni Katalonija i Marsej nisu pošteđeni. „Alžir je svetska, internacionalna pojava, a ne samo islamska i severnoafrička", beleži Brodel. U hrišćanskom svetu se, za to vreme, osnivaju ustanove za otkup roblja. Stvaraju se posebne službe i sudovi koji rešavaju pitanje zatočenika. Kada bi se desilo da se vrati, imali su mnogo muka da ponovo steknu prava koja su tokom sužanjstva izgbili. Spasavanje roblja i spasavanje njihovih duša – to je zadatak koji na sebe preuzimaju verski redovi. Sa otkupima, sa razmenama ljudi i dobara, stvara se i nova vrsta trgovine. Fratri koji otkupljuju sužnje putuju sve češće, brodovima prevoze novac i robu. Na povratku, oslobođene sužnje uvek dočekuje veliko slavlje, sa svečanim litijama na kojima se zahvaljuju Bogu. I naravno, redu koji ih je izbavio. Sve što se radilo oko otkupljivanja, donosilo je korist. „Trgovati u Alžiru, to je trideset posto sigurne zarade", zabeleženo je u iskazu nekog đenovskog trgovca pred sudom.

Krajem maja 1580. godine, trinitarci fra Huan Hil i fra Antonio de la Belja su, po ko zna koji put, došli u Alžir s novcem za otkup novih sužanja. Za Servantesa je i njegov novi gospodar, Hasan Paša, tražio petsto zlatnih škuda. Fra Huan Hil nije imao dovoljno novca. Hasan Paša se već spremao za Istambul. Na dužnosti alžirskog kralja smenio ga je, po zapovesti turskog sultana, novi izaslanik. Hasan Paša je već ukrcavao svoje brodove i sužnje koje je, pošto nisu bili otkupljeni, vodio sa sobom u Istambul. Trinitarac je u poslednjem trenutku uspeo da prikupi novac koji mu je nedostajao. Morao je da ga promeni u zlatne škude, jer je Hasan Paša samo njih pristajao da primi. Bile su to godine kada je alžirski novac bio obezvređen, gusarenje nije donosilo mnogo (toga leta su se gusarski brodovi vraćali prazni, tako da su na kraju nasrnuli i na špansku obalu, gde su uspeli da zarobe samo jednog neopreznog ribara) i špansko zlato i srebro imaju prednost. Trebalo je namamiti novac u Alžir, pa je Džafer Paša, Hasanov naslednik, podigao vrednost škude sa 125 na 130 alžirskih aspri. Prema Brodelovim proračunima, alžirske menjačnice su time obezbeđivale tridesetopostotnu zaradu. Fra Huan je ipak uspeo da zameni novac, kod mavarskih i evropskih trgovaca. Po najskupljoj ceni, naravno, jer mu se žurilo. Tako je 19. septembra 1580. godine Servantes otkupljen iz sužanjstva. Imao je trideset i tri godine. U dvadeset i drugoj godini pobegao je iz Španije od osude na desetogodišnje progonstvo i odsecanje desne ruke. Umesto deset godina progonstva, jedanaest godina ratovanja i sužanjstva. Umesto odesečene desne ruke, onesposobljena leva. Sudbina mu ipak nije bila previše naklonjena.

Pet godina sužanjstva je period Servantesovog života o kojem postoji najviše istorijskih dokumenata, i autobiografskih zapisa, ali zato ništa manje tajnovit. Postoje zabeležena svedočanstva u izveštajima koji su pravljeni kada je Servantes otkupljen iz sužanjstva. Pojedinosti znamo i na osnovu podataka iz knjige *Opšta topografija i istorija Alžira*. Sužnjeva priča iz *Don Kihota*, ipak, ostaje najpouzdaniji izvor o Servantesovom zatočeništvu, kaže jedan od najznačajnijih savremenih Servantesovih biografa, Žan Kanavađo. Ostali dokumenti su nepouzdani, i veoma oskudni. Međutim, njih dopunjuju i one što ih Servantes priča u sužnjevoj povesti, i u *Galateji*, i u tekstu kojem smo ovde dali naslov *Da vas više niko ne uhvati u neznanju*, inače poglavlju iz romana *Peripetije Persila i Sigismunde*, i u dramama *Muke u Alžiru* i *Alžirske tamnice* – u književnim verzijama junačkog zatočeništva. Pa i pored toga, mnogo je pitanja i nedoumevanja. Servantes uživa u mešanju objektivnog i subjektivnog, sveta čitaoca i sveta knjige. U stvaranju tajne. „Migel de Servantes pripada onoj kategoriji pisaca koju puki razum ne može objasniti", dodaje Borhes.

Kada Don Kihote oslobodi galijaše, odnosno, podari slobodu „mnogim nevoljnicima što su ih protiv volje vodili onamo kuda ovi nisu želeli da idu", u dvadeset i drugom poglavlju prve knjige, u jednom trenutku kaže: „Gospodo stražari, ovi jadnici nisu ništa vama nažao učinili. Neka svakog sa svojim grehom; Bog je na nebu, i ne zaboravlja da kazni zloga i nagradi dobroga, i nije dobro da časni ljudi budu dželati drugim ljudima, kad nemaju ništa od toga." Borhes na to dodaje, sećajući se ovih Servantesovih redova: „Oduvek sam znao da su ove ovako pristojne reči tajna koju mi, ljudi iz naše Amerike, možemo podeliti samo sa ljudima iz Španije. Neizreciva tajna, kakvo je i nagonsko znanje da Španac nije poetičan čovek – a to je razočaranje koje širokogruda severnoamerička i evropska mitologija odbija sa gnušanjem. Neprenosiva tajna, poput skromnog španskog jezika." Priča alžirskog sužnja iz *Don Kihota* i pouke koje drugi alžirski sužanj, kmet iz *Persila i Sigismunde*, daje dvojici varalica kako ih niko ne bi uhvatio u laži kada ubuduće budu govorili o Alžiru, jesu delovi iste priče, iste tajne, Servantesove. Studenti skitači u *Persilu i Sigismundi* ne samo što nisu kažnjeni, nego im pravi alžirski sužanj pomaže da o alžirskim iskustvima govore tačnije, i uverljivije, „pošto se izvanrednost povesti sastoji u tome da se svaka stvar koja se u njoj napiše može prihvatiti, zbog ukusa istinitosti koji sobom donosi": poučava ih kako da ispričaju priču. Priča je važna, verodostojnost priče je važna, pa je tako i ova završna ironija samo deo Servantesove priče o Alžiru, njen dodatak ili završetak, njena druga, tajna strana.

Migel de Servantes

Da vas više niko ne uhvati u neznanju

Duga hodočašća uvek sa sobom nose raznolike događaje, a pošto se raznolikost sastoji od različitih stvari, nužno je da i slučajevi budu takvi. To nam dobro pokazuje ova povest, čijim su se događajima pokidale niti, ostavljajući nas u nedoumici, gde bi ih bilo dobro povezati; jer nisu sve stvari koje se dogode valjane za priču, pa bi mogle i ostati neispričane, a da povest ne bude oštećena. Ima postupaka koji, zato što su veliki, moraju da se prećute, i drugih o kojima, zato što su niski, ne treba da se priča, pošto se izvanrednost povesti sastoji u tome da se svaka stvar koja se u njoj napiše može prihvatiti, zbog ukusa istinitosti koji sobom donosi; to je ono čega nema u bajci, koja svoje radnje treba da priređuje s toliko tačnosti i ukusa, i toliko verodostojnosti, da uprkos i na žalost laži, koja u pameti neskladno odzvanja, satvori istinski sklad.

Koristeći, dakle, ovu istinu, ispričaću kako je je lepa četa hodočasnika došla u neko mesto, ni previše malo, ni previše veliko, čijeg se imena ne sećam, i nasred trga u njemu, preko kojeg su svakako morali preći, videla mnoštvo okupljenih ljudi koji su svi pažljivo posmatrali i slušali dva momka što su, u odeći ljudi nedavno oslobođenih iz sužanjstva, objašnjavali prizore na oslikanom platnu koje su prostrli po zemlji. Izgledalo je kao da su se oslobodili tereta dva teška lanca koje su držali pored sebe, belega i dokaza njihove protekle nesreće, i jedan od njih, koji je morao imati nekih dvadeset i četiri godine, zvonkim glasom i izvanredno veštim jezikom, puckajući s vremena na vreme šibom, ili bolje rečeno, bičem, koji je držao u rukama, i zamahivao njime tako da je to paralo uši i odjekivalo do neba, baš kao što radi kočijaš koji, kažnjavajući konje, ili im preteći, puca bičem po vazduhu.

Među onima koji su slušali dugu priču nalazila su se i dva kmeta, obojica stari, ali jedan ne toliko koliko onaj drugi. Svoju besedu oslobođeni sužanj započeo je govoreći:

– Ovo, gospodo, što ovde vidite naslikano, jeste grad Alžir, strah i trepet na svim obalama Sredozemnog mora, opšta gusarska luka i zaklon i pribežište lopova, jer iz ove male luke koja je ovde naslikana polaze na svom brodovlju da unose nemir u ljude, jer se usuđuju da pređu *plus ultra* Herkulovih stubova, i da napadaju i pljačkaju udaljena ostrva koja su, pošto su okružena ogromnim Okeanskim morem, smatrala da su bezbedna, barem od turskih brodova. Ovaj brod što ovde vidite, veoma umanjen, zato što slika tako traži, to vam je galeon sa dvadeset i dve klupe, čiji je vlasnik i kapetan onaj Turčin što stoji na mostu i u šaci drži ruku, koju je odsekao onom hrišćaninu što ga onde vidite, da mu posluži kao bič i kandžija za ostale hrišćane koji su za klupe vezani, uplašen da ih ne stignu ove četiri galije što ih ovde vidite, i što ih love i sustižu. Onaj prvi sužanj na prvoj klupi, čije lice je izobličila krv koja mu se zalepila od udaraca mrtvom rukom, to sam ja, koji sam služio kao glavni veslač na tom galeonu; a ovaj drugi što je pored mene, to je ovaj moj drug, ne tako okrvavljen, pošto su ga manje udarali. Počujte, gospodo, načuljite uši; možda će vam strah izazvan ovom tužnom pričom doneti do ušiju preteće i pogrdne povike koje je upućivao ovaj pas, Turgut, jer se tako zvao kapetan galeona, gusar jednako glasovit koliko i surov, a surov koliko i Falaris, tiranin iz Agriđenta, ili Busiris, tiranin sicilijanski. Barem meni i sad odzvanja ono *rospeni*, *manaora*, *denimani jok*, koje izgovara sa đavolskom surovošću, a sve su to turske reči i izrazi, namenjene da obeščaste i nagrde hrišćanske sužnje. Nazivaju ih čivutima, ljudima bez vrednosti, crnovercima i zlomislicama, i na još veću stravu i užas, mrtvim rukama šibaju živa tela.

Kako izgleda, jedan od kmetova je dugo vremena bio sužanj u Alžiru, i on, u pola glasa, reče svome drugu:

– Ovaj sužanj, do sada, kao da govori istinu i, ovako uglavnom, kao da nije lažan sužanj; ali ispitaću ga ja potanko, pa ćemo videti kako će da propišti na mukama. Jer treba da znate da sam ja bio na onom galeonu i ne sećam se da sam ga poznavao kao glavnog veslača, osim ako to nije bio neki Alonso Moklin, rodom iz Veles Malage.

Pa se okrenu sužnju i reče mu:

– Recite mi, prijatelju, čije su bile galije koje su vas lovile, i da li ste uz njihovu pomoć osvojili željenu slobodu.

– Galije su – odgovori sužanj – pripadale don Sanču de Lejvi; slobodu nismo osvojili, pošto nas nisu stigli. Oslobodili smo se kasnije, pošto smo se pobunili kad je naišla neka galija koja je iz Sarhela išla za Alžir natovarena žitom; njome smo stigli do Orana, a otuda, u Malagu, odakle smo moj prijatelj i ja krenuli put Italije, u nameri da služimo Njegovom Veličanstvu, Bog ga čuvao, u ratu.

– Recite mi, prijatelji – odvrati kmet – jesu li vas zajedno uhvatili? Jesu li vas iz prve odveli u Alžir, ili u neki drugi deo Berberije?

– Nisu nas zajedno uhvatili – odgovori drugi sužanj – pošto su mene uhvatili kod Alikanta, na brodu sa vunom koji je krenuo za Đenovu; a moga druga kod Perćelesa de Malage, gde je bio ribar. Upoznali smo se u Tetuanu, u jednoj tamnici; sprijateljili smo se i dugo zajedno prolazili sito i rešeto, a za onih deset-dvanaest bakrenjaka što jedva da su nam ponudili kao milostinju na ovo platno, gospodin kmet nas mnogo pritiska.

– Ne mnogo, gospodine gizdavče – odvrati kmet – jer još nismo pritisli do kraja. Čujte me, i recite koliko Alžir ima kapija, i koliko vodoskoka, i koliko bunara pitke vode.

– Pitanje je glupo! – odgovori prvi sužanj. – Ima onoliko kapija koliko ima kuća, i toliko vodoskoka da ni sam ne znam, i toliko bunara, da ih nisam ni video, a muka koju sam tamo preživeo naterala me je i samoga sebe da zaboravim. I ako gospodin kmet hoće da ide protiv hrišćanskog milosrđa, pokupićemo mi prnje, dići ćemo sidro, pa zbogom ostajte, a kom gde bolje, široko mu polje.

Tada kmet pozva nekog od onih ljudi što su tu stajali u gomili, koji je izgleda služio kao dobošar u mestu, a možda i kao dželat, kad zatreba, pa mu reče:

– Hile Berueko, idite na trg i dovedite mi prva dva magarca na koja naiđete, jer živ nam bio naš kralj i gospodar, na njima će se ovim ulicama prošetati ova dva gospodina sužnja što ovako slobodno hoće da preotmu milostinju od istinskih siromaha, pričajući laži i zamazujući nam oči, a zdravi su kao jabuka i snažni toliko da uzmu motiku u ruke, a ne kandžiju da njome puckaju u prazno. Ja sam u Alžiru pet godina robovao, i znam da mi ga niste opisali ni u čemu od onoga što ste ispričali.

– Tako mi sveta i veka! – odgovori sužanj. – Zar je moguće da gospodin kmet hoće da nam se sećanje ureže duboko, kad su nam džepovi plitki, i kada zbog detinjarije koja ne vredi ni pišljiva boba hoćete da oduzmete čast dvojici tako izvanrednih studenata kao što smo mi, i zajedno sa tim, da Njegovom Veličanstvu oduzmete dva odvažna vojnika, koji smo krenuli u onu Italiju i onu Flandriju da razbijamo, rušimo, ranjavamo i ubijamo sve neprijatelje svete katoličke vere na koje naiđemo? Jer ako hoćete da kažem istinu, koja je, na koncu konca, kći Božija, želim da gospodin kmet zna da mi nismo sužnji, nego studenti iz Salamanke, pa nas je usred studija, u onom najboljem u njima, spopala želja da vidimo sveta i da saznamo kakav je ukus života u ratu, kao što znamo ukus života u miru. A da nam bude lakše da tu želju sprovedemo u delo, desi se da onuda prođu neki sužnji, koji su zacelo bili jednako lažni kao i mi sad; od njih smo kupili ovo platno i obavestili se o nekim stvarima u Alžiru, koje su nam se učinile dovoljne i neophodne da našu prevaru učine ubedljivom; prodali smo knjige i sve vredno što smo imali, ispod cene, i ponevši ovu robu, stigli smo dovde. Nameravamo da pođemo dalje, ako gospodin kmet ne naredi drugačije.

– Ja sada nameravam – odvrati kmet – da vam svakome udelim po stotinu šiba, i da umesto da vučete koplje po Flandriji, uzmete veslo u ruke, da njima na galiji malo zaorete po talasima, čime ćete možda Njegovom Veličanstvu služiti bolje nego kopljem.

– Kao da želite pokazati – odvrati govorljvi momak – kako je gospodin kmet atinski zakonodavac, i kao da strogost njegovog poziva treba da dopre do ušiju gospode iz Saveta, gde će ga, kada zbog toga iziđe na glas, smatrati za strogog i pravičnog, pa će mu poveravati važne poslove, u kojima će dalje pokazivati svoju strogost i pravičnost. E, pa neka gospodin kmet zna da *summum ius, summa iniuria.*

– Pazite šta pričate, brate – odgovori drugi kmet – jer pravda nije smejurija: svi kmetovi iz ovoga mesta bili su, jesu i biće ljudi časni i dostojanstveni i nimalo dostojni sprdnje; nego, bolje bi vam bilo da manje pričate.

U tom se dobošar vrati i reče:

– Gospodine kmete, na trgu nisam naišao ni na kakve magarce, nego samo na dva većnika, Berueka i Krespa, koji se tamo šetaju.

– Po magarce sam vas poslao, mamlaze, a ne po većnike; ali vratite se i dovedite ih ovamo, hteli-ne hteli, jer želim da budu prisutni kada budem izricao ovu presudu, na koju neće biti priziva, a neće moći da se sprovede, jer nema magaraca; iako ih, Bogu hvala, ima i preko mere u ovom našem mestu.

– A vi, vaša milosti – odvrati momak – svoje mesto na nebu nećete dobiti ako budete ovako strogi. Za ime Božije, vaša milosti, imajte na umu da nismo ukrali toliko da bismo davali novac pod interes, niti stekli imanje; ovom svojom veštinom, koja nije ništa manje teška od posla službenika ili nadničara, jedva smo skupili koliko da preživimo. Roditelji nas nisu naučili nikakvom zanatu, pa smo zato prinuđeni da lukavstvom steknemo ono što bi trebalo da steknemo rukama, kada bismo imali zanat. Neka kažnjavaju ucenjivače, i one koji u kuće provaljuju, i drumske razbojnike, i one što lažno svedoče za novac, zaludne i dokone, koji služe samo tome da povećavaju broj izgubljenih, a pustite bednike koji idu pravim putem da služe Njegovom Veličanstvu snagom svoje mišice i oštrinom svoga uma, jer nema boljih vojnika od onih koji se iz zemlje učenja presade na bojno polje. Niko nije napustio studije kako bi postao vojnik, a da to nije bilo iz nužde, jer kada se spoji i sjedini snaga sa umom, i um sa snagom, oni tvore čudesan spoj, kojem se Mars raduje, na kojem se mir održava, i država uvećava.

I hodočasnika, i sve druge koji su tu bili okupljeni, zadivile su kako mladićeve reči, tako i brzina kojom je govorio. A on, nastavljajući, reče:

– Pretrebite nas, gospodine kmete, gledajte nas i pregledavajte, i pretresite svaki porub na našoj odeći, i ako na nama nađete više od šest reala, nemojte narediti samo stotinu, nego šest puta po stotinu šiba. Da vidimo, dakle, da li smo zato što smo ovako malu sumu stekli, zaslužili da budemo izloženi sramoti i bačeni na galije; i zato vam još jednom kažem, gospodine kmete, dobro sve to pogledajte, nemojte u vatri žuriti i srljati da učinite nešto zbog čega ćete, kada bude učinjeno, zažaliti. Pametne sudije kažnjavaju, ali ne traže odmazdu za zločin; mudre i milosrdne mešaju ravnomernost i pravdu, te između strogosti i milosrđa, pokazuju svoju veliku razboritost.

– Zaboga – reče drugi kmet – ovaj je momak lepo govorio, mada je mnogo pričao, i ne samo što ne mogu dopustiti da ih išibaju, nego ću ih i povesti svojoj kući, i pomoći im na njihovom putu, pod uslovom da idu pravo, i

da ne švrljaju s ove na onu stranu, jer ako tako budu čini-
li, pre će biti da ih vodi porok, nego nužda.

A prvi kmet, krotak i milosrdan, blag i pun sažaljenja,
reče:

– Ne želim da idu vašoj kući, nego mojoj, gde želim da
ih poučim o stvarima u Alžiru, tako da ih od sada pa ubu-
duće više niko ne uhvati u neznanju u njihovoj lažnoj priči.

Ona dva sužnja se zahvališe, okupljeni pohvališe njiho-
vu časnu odluku, i hodočasnici se obradovaše dobrom svr-
šetku posla. Prvi kmet im se okrenu i reče:

– A vi, gospodo hodočasnici, imate li i vi neko platno
da nam pokažete? Imate li i vi neku priču za koju hoćete
da nas uverite da je istinita, mada ju je sama laž sastavila?

Jedan ne odgovori ništa, jer je video kako onaj drugi va-
di iz nedara potvrde, dozvole i odobrenja koja su nosili da
mogu nastaviti putovanje. Stavi ih u kmetove ruke i reče:

– Iz ovih ćete hartija videti, vaša milosti, ko smo i ku-
da idemo; a nije bilo potrebe da ih pokazujemo, pošto ne
tražimo milostinju, niti nam je potrebno da je tražimo, i
zato nas, kao slobodne putnike, možete pustiti da slobod-
no prođemo.

Kmet uze hartije, i pošto nije znao čitati, dade ih svo-
me drugu, koji ni sam nije znao, te tako one završiše u ru-
kama pisara, koji prelete očima preko njih, okrenu se ho-
dočasnicima, i reče:

– U ovim hodočasnicima, gospodo kmetovi, ima toli-
ko valjanosti i dobrote, koliko i veličine u njihovoj lepoti.
Ako ovde žele da zanoće, moja će im kuća poslužiti kao
konačište, a moja volja, kao tvrđava u koju će se skloniti.

Hodočasnici se zahvališe; ostadoše onde te noći, jer je
bilo donekle kasno, i tu ih je pisar ugostio s ljubavlju, u
obilju i čistoći.

Kada osvanu sledeći dan, hodočasnici nastaviše put, i na
izlasku iz mesta nabasaše na ona dva lažna sužnja, koji im re-
koše kako ih je kmet tako poučio, da ih od tada pa ubuduće
više ne mogu uhvatiti u laži u stvarima vezanim za Alžir.

Kako je štampan Don Kihote

El ingenioso hidalgo don Quixote de la Mancha, 1605

Tokom novembra

Fransisko de Robles, knjižar, sin knjižara koji je Servantesu štampao njegov roman *Galateja*, bio je izdavač *Maštoglavog idalga.* Mogao je znati mnogo vremena pre nego što je štampao ovu knjigu za novelu *Don Kihote.* Astrana Marin pretpostavlja da je kratka novela, začetak romana, mogla kružiti u rukopisu i već biti slavna čak pet godina pre nego što je Servantes završio roman. Na književnim okupljanjima u Madridu, Toledu, Alkali, među ljudima koje je zanimala književnost, ova novela mogla je kružiti u prepisima, ići od ruke do ruke. Tako je Robles mogao očekivati i veliko zanimanje publike za roman o istom junaku. Za Roblesa, kao kraljevskog knjižara, nije predstavljalo veću poteškoću da brzo izradi sve potrebne dozvole i privilegiju za štampanje, koju će mu Servantes potom prodati. Koliko je Fransisko Robles platio Servantesu za *Maštoglavog idalga,* nije poznato. Kancelarija beležnika kod koga je obično sastavljao ugovore izgorela je. Fransiskov otac, Blas de Robles, dvadeset godina ranije platio je Servantesu za *Galateju* 1336 reala. Godine 1613. Fransisko je platio 1600 reala za privilegiju da štampa *Uzorite novele.* To su podaci kojima raspolažemo. Te sume nisu bile velike. Verovatno nije velika bila ni suma koju je

platio za *Maštoglavog idalga*, 1604. godine. Danas to iz-
gleda kao velika nepravda. Da se i Servantesu svojevreme-
no tako činilo, više je nego moguće. Ali, kako je izgledala
trgovina knjigama u to vreme? Servantes je o tome pisao
u „Licencijatu Staklenku", jednoj od *Uzoritih novela*, i vi-
dećemo šta je zapisao. Pisao je o tome i u *Maštoglavom vi-
tezu*: „– Na svoj račun je štampam – odgovori autor – i
mislim da zaradim hiljadu dukata, u najmanju ruku, ovim
prvim izdanjem, koje će biti od dve hiljade primeraka, i
prodaće se po šest reala svaki, dok lupiš dlanom o dlan.
– Dobra vam je računica, vaša milosti! – odgovori Don
Kihote. – Bogami, čini mi se da ne znate kako štampari
računaju prihode i rashode i kakav je odnos između ta
dva. Jamčim vam da ćete, kad vam se na pleća navali dve
hiljade primeraka knjige, ostati tako smlavljeni da ćete se
čudom čuditi, utoliko pre ako je knjiga malo uvrnuta i ako
nije nimalo zabiberena.
– Pa šta onda? – reče autor. – Hoćete li, vaša milosti,
da je dam nekom knjižaru koji će mi za privilegiju dati tri
maravedija, pa još misli da mi čini uslugu time što mi ih
daje? Ne štampam ja svoje knjige zato da bih stekao slavu
u svetu, pošto sam već poznat po svojim delima: hoću ko-
rist, jer bez nje dobar glas ne vredi ni prebijene pare."
U svakom slučaju, Fransisko de Robles je, najverovat-
nije sredinom jula 1604. godine, predao rukopis Kraljev-
skom savetu na odobrenje. Sve neophodne dozvole dobio
je veoma brzo. Svaku stranicu parafirao je Huan Galjo de
Andrada, dvorski pisar. Sa dozvolama, knjiga je data
štamparu Huanu de la Kuesti.
Evo tih dokumenata:

Procena

Ja, Huan Galjo de Andrada, pisar Komore našega Go-
spodara Kralja, jedan od stalnih službenika njegovog Sa-
veta, potvrđujem i jamčim da su gospoda iz Saveta, pošto

su videla knjigu naslovljenu *Maštoglavi idalgo od Manče*, koju je sastavio Migel de Servantes Saavedra, odredila cenu po tabaku na tri i po maravedija; knjiga ima osamdeset i tri tabaka, te po rečenoj ceni navedena knjiga iznosi dvesta devedeset i po maravedija, za onu koja će se prodavati bez poveza; dali su dozvolu da se po ovoj ceni može prodavati, i naredili da se ova procena stavi na početak navedene knjige, i da se bez nje ne može prodavati. Tome u potvrdu, izdao sam ovaj dokument u Valjadolidu, dvadesetog dana meseca decembra hiljadu šesto četvrte godine.

Huan Galjo de Andrada

Svedočanstvo o štamparskim greškama

Ova knjiga ne sadrži ništa dostojno da bude zabeleženo što ne bi odgovaralo originalu; u svedočanstvo da sam je ispravio izdajem ovu potvrdu. U Kolegijumu za Teologiju Majke Božije Univerziteta u Alkali, prvog decembra 1604. godine.

Licencijat Fransisko Mursija

Kralj

Pošto ste nas vi, Migel de Servantes, izvestili da ste sastavili knjigu naslovljenu *Maštoglavi idalgo od Manče*, koja vas je stajala mnogo truda i veoma je korisna i polezna, te ste nam tražili i molili nas da naredimo da vam se izda dopuštenje i odobrenje da je možete štampati, i privilegija na onoliko vremena koliko nama bude po volji, ili kako naša milost odredi; kada to videše u našem Savetu, i pošto su u navedenoj knjizi obavljene sve one radnje koje poslednji ukaz što smo ga izdali o pečatanju knjiga predviđa, dogovoreno je da treba da naredimo da se izda naše pismo za vas, iz navedenog razloga, i Mi smo smatrali da je to dobro. Tim pismom, kako bismo vam dobro i milost učinili, dajemo vam dopuštenje i odobrenje da vi, ili osoba koja bude imala vaše punomoćje, i nijedna druga, možete štampati navedenu knjigu, naslovljenu *Maštoglavi idalgo od Manče*, koja se niže pominje, u svim ovim našim kraljevstvima Kastilje, na vreme i rok od deset godina, koje teku i broje se od rečenog dana i datuma ovog našeg pisma. Pod pretnjom kazne, za osobu ili osobe koje bi nemajući vaše punomoćje delo štampale ili prodavale, ili naručile da se štampa ili prodaje, da iz toga razloga izgube pečatnju koju naprave, zajedno sa slogovima i opremom za nju, i još da plate kaznu od pedeset hiljada maravedija, svaki put kada prestup počine. Od narečene kazne jedna trećina će ići osobi koja ga optuži, druga trećina našem Dvoru, a još jedna trećina sudiji koji ga osudi. Pod uslovom da je, svaki put kada budete hteli da date u pečatnju navedenu knjigu, tokom navedenih deset godina, donesete našem Savetu, zajedno s originalom njenim koji je pregledan, i da svaku stranicu overi i potpiše je u dnu Huan Galjo de Andrada, naš Dvorski pisar, od stalnih službenika, kako bi se znalo da li se navedena pečatnja slaže s originalom; ili da donesete potvrdu u javnom obliku da je korektor koga smo mi našom zapovešću imenovali video i ispravio narečenu pečatnju prema originalu, i da se štampalo u skladu s njim, i da budu odštampane greške koje je on pobeležio, za svaku od knjiga koje tako budu štampane, kako bi se uvrdila cena koju ćete za svaki tom imati da naplaćujete. I nalažemo štamparu koji tako bude narečenu knjigu štampao, da ne štampa početak niti prvi tabak njen, i da preda samo jednu jedinu knjigu zajedno s originalom autora, ili osobe o čijem trošku je bude štampao, i nijednu više, rečene ispravke i procene radi, sve dok pre svega narečena knjiga ne bude ispravljena i procenjena od strane našeg Saveta; a kada se to učini, tako i ni na koji drugi način, da može štampati narečeni početak i prvi tabak, i da zatim stavi ovo naše pismo i odobrenje, procenu i svedočanstvo o štamparskim greškama, pod pretnjom da će biti izložen kaznama sadržanim u zakonima i ukazima ovih naših kraljevstava. A ljudima u našem Savetu i svim drugim sudijama nalažemo da ih se pridržavaju i da ispunjavaju ovo naše pismo i ono što je u njemu sadržano. Sačinjeno u Valjadolidu, dvadeset i šestog dana meseca septembra hiljadu šesto i četvrte godine.

Ja Kralj
Po nalogu našeg Gospodina Kralja:
Huan de Amesketa

Nema nikakvih neposrednih podataka o Servantesovom autografu prve kompletne redakcije *Maštoglavog idalga Don Kihota od Manče*. Na osnovu postojećih podataka i današnjeg stanja istraživanja, došlo se do izvesne slike o tome kako je mogao izgledati Servantesov autograf i kako je tekao proces slaganja i štampanja *Don Kihota*.

Istraživači danas zaključuju da autograf nije mogao biti previše jasan i ujednačen. Knjiga koja je izišla iz štamparije Huana de la Kueste objavljena je o trošku knjižara i izdavača Fransiska de Roblesa sa naznakom godine 1605, mada se danas smatra da je bila odštampana, pa se čak i prodavala u Valjadolidu, već krajem decembra 1604. godine. Pisana je u različitim epohama, sklapana od delova koji su ponekad imali ili mogli imati i nezavisnu sudbinu. Na primer, alžirski sužanj pripoveda svoju povest godine 1589, ali mnogi elementi iz drugih umetnutih novela upućuju na druge godine; za „Novelu o neumesnom ljubopitljivcu" Servantes objašnjava u *Don Kihotu* kako je pronađena u kovčegu zajedno s novelom „Rinkonete i Kortadiljo", iz *Uzoritih novela*. Nije verovatno da je Servantes prepisivao sve te stranice da bi ih umetnuo u roman, već je pre moguće da ih je uzimao onako kako su bile, i na tim stranicama dopisivao neophodne prepravke i dopune kako bi ih uklopio u *Don Kihota*. Autograf je, pretpostavlja se, tako sadržao mnoštvo precrtavanja, prepravki, dopuna i ispravki, i bio teško čitljiv. U madridskim štamparijama oko 1600. godine knjige su se slagale na osnovu prepisa koje bi izradili profesionalni prepisivači. Taj prepis smatrao se za „original" i slali su ga Savetu Kastilje kako bi se dobile neophodne dozvole. Tamo je dvorski pisar čitao i parafirao svaku stranicu, glavni korektor je pregledao, i dalje je sledio postupak koji je opisan u tekstovima odobrenja, koji su se morali štampati na početku knjige. S druge strane, zadatak štampara bio bi teži ako ne bi imali jasan i ujednačen prepis. I autograf i prepis morali su sadržati manje ili više ozbiljnijih ili beznačajnih grešaka. Obično bi se urađen prepis vraćao piscu da ga pregleda i ispravi greške u prepisivanju i učini dodatne izmene koje nađe za shodno. To je u stvari bila prva korektura teksta tokom pripreme za štampu. Taj ispravljen prepis zatim bi bio poslat Savetu na cenzuru radi dobijanja dozvola i privilegija. Posle toga, u načelu, nije bilo dozvoljeno unositi nikakve izmene. Međutim, postoje brojni prepisi knjiga drugih autora koji svedoče o tome da su izmene unošene i u kasnijim fazama. Negde u tom periodu između predavanja rukopisa na cenzuru i ulaska u štampariju, pretpostavlja se da je Servantes napravio još izvestan broj značajnih izmena u tekstu. Ne zna se pouzdano u kojoj meri su te izmene pravljene na zahtev cenzora. Tako je prepis, pretpostavlja se, počeo da se razlikuje od autografa ne samo u pojedinostima, nego i u značajnijim aspektima. Naslov knjige je menjan, o čemu svedoči dozvola u kojoj se knjiga naziva *Maštoglavi idalgo iz Manče*. Postoje izvesne nedoslednosti u naslovljavanju poglavlja i nesklad između naslova i sadržine glave. To je jedan od znakova da je Servantes premeštao neka poglavlja ili delove knjige s jednog mesta na drugo, što je iziskivalo niz prepravki i doterivanja, i gde je i došlo do krupnijih previda u knjizi. Najveći od tih previda nastao je kada je izbačen deo u kojem je ispričano kako je Sančo ukraden magarac, ali ne i svi oni delovi knjige u kojima se pominje da je ukraden.

Kada je kraljevska privilegija izdata 26. septembra 1604, počelo je slaganje knjige za štampu. Kako je izgledao postupak u štampariji, o tome govori sam Servantes u drugoj knjizi *Don Kihota*, opisujući Don Kihotovu posetu štampariji u Barseloni. Štampanje same knjige, bez teksta privilegije i posvete, koji su ionako uvek štampani tek pošto bi bio odštampan ceo tekst dela, kada bi bila dobijena „taksa", trajalo je, pretpostavlja se, do kraja novembra, s obzirom na to da je prvog decembra dobijena potvrda o tome da „nema štamparskih grešaka".. Zatim je knjiga predata da joj se izda „taksa" – odnosno, utvrđena cena po kojoj će se knjiga prodavati, oko 8,5 reala po primerku – koja je dobijena 20. decembra. Knjiga se sastojala od 664 stranice, u osamdeset i tri tabaka *in quarto*, i pretpostavlja se da je bila štampana u 1500 ili 1750 primeraka, što je bio uobičajeni broj primeraka za knjige za koje se smatralo da će se bolje prodavati. Fransisko Riko kaže da to nije bilo nikakvo remek-delo štamparstva, nego knjiga koja spada u prosečan tipografski kvalitet knjiga kakve su se štampale u Španiji u to doba, a taj prosek je, kaže, bio slab kvalitet, loša hartija i loš tip slova.

Dva meseca, za koliko je knjiga odštampana, međutim, smatra se za izuzetno kratko vreme, što navodi na zaključak da je ceo postupak izveden u velikoj žurbi. U svakom slučaju, u prvom izdanju postoji izuzetno veliki broj grešaka koje su se potkrale u štampi, od naslovne stranice do poslednjeg reda u knjizi. Grešaka ima nekoliko stotina, dok ih je, poređenja radi, u *Uzoritim novelama* i u *Persilu i Sigismundi* bilo svega po stotinak. „To je trnov venac koji štampar stavlja na čelo pisca", rekao je Ramon Gomes de la Serna govoreći o štamparskim greškama.

Kada je tekst samog dela odštampan, dozvole i posveta su takođe slagani u žurbi, pa je i tu došlo do većih grešaka. Dvor se u to doba nalazio u Valjadolidu, te je jedan deo primeraka, sa neodštampanim tabakom na koji je trebalo ubaciti „taksu" i posvetu, poslat u Valjadolid, kako bi tamo bio odštampan i pušten u prodaju što ranije. Tako su neki listovi izgubljeni, i nisu odštampana odobrenja cenzora i posveta koju je, pretpostavlja se, Servantes napisao vojvodi od Behara, nego je umesto nje ubačena posveta koja je pozajmljena i prerađena od drugog pisca.

Pretpostavlja se i to da je moglo biti velikih razlika između Servantesovog autografa i knjige štampane krajem 1604. godine u štampariji Huana de la Kueste, koja je, međutim, već nosila 1605. kao godinu izdanja. Nanizale su se greške pisca, prepisivača i slovoslagača, brisanja, dodaci i prerade koje je napravio Servantes, izvesne karakteristike njegovog rukopisa koje su dovele do grešaka u prepisivanju, itd. Tokom XIX veka servantistička tradicija nastojala je da što doslovnije prenese *editio princeps*. Danas tekstolozi to smatraju za nedozvoljen put u utvrđivanju teksta.

Tokom tog procesa, priređivači su, na primer, rasuli interpunkciju kao što su monahinje Trećeg reda svetog Franje prekopale i rasule Servantesove kosti: ona u modernim izdanjima, pretpostavlja se, opstaje, ali je veoma teško zaključiti gde je mogla biti. Prema običajima vremena, moglo bi se zaključiti da ni samom Servantesu interpunkcija nije bila važna. Istraživači malobrojnih sačuvanih Servantesovih autografa, uglavnom kraćih pisama, na osnovu tih pisama zaključuju da gotovo uopšte nije ni koristio nijedan znak osim tačke. Tačno je da je u Servantesovo doba interpunkcija spadala „u nadležnost izdavača", i da su im pisci većinom prepuštali glavnu reč u tome. Međutim, i u to možemo biti sigurni koliko i u ostale stvari, pošto je tada, kada ortografija, pa ni interpunkcija, još nisu imale precizna pravila, svaki štampar mogao imati svoje posebne navike i običaje, ali je tačno i to da, ma koliko štampari prilagođavali interpunkciju svojim pravilima, ona uvek ostavlja otisak pisca, „pečat majstora". U XX veku, međutim, nisu štampana nova fototipska izdanja *princepsa*, prema kojem tekstolozi odjednom gaje izvestan prezir, i ne dozvoljavaju da se ono previše širi. Čak se, o četiristogodišnjici, preštampava fototipsko izdanje s kraja XIX veka, ono prvo, za koje se zna da je u njemu intervenisano. Dakle, pitanje Servantesovih odluka oko teksta je manje stvar istorije, a više predanja.

Bez obzira na sve poteškoće oko utvrđivanja teksta, danas su istraživači došli do određenog oblika koji se smatra za najpouzdaniji mogući prema dosadašnjim saznanjima. U prevodu sam, tako, koristila do sada najpouzdanije izdanje španskog teksta, izdanje Instituta Servantes, pod uredništvom trenutno najglasovitijeg španskog stručnjaka za tekstologiju Zlatnog veka, Fransiska Rika, uz komentare desetina najuglednijih servantista i s predgovorom iskusnog filologa, priređivača mnogih klasika, Fernanda Lasara Karetera (Barselona 1999), kao i dopune koje su, pod uredništvom istog priređivača, Fransiska Rika, unete u *Izdanje o četiristogodišnjici* Španske kraljevske akademije (Madrid, 2004). Savremeni priređivači kažu da su do pouzdanijeg teksta došli proučavajući sve dostupne elemente, od Servantesove kaligrafije do svakog koraka tokom procesa štampanja knjige, i to u različitim izdanjima. Tako je, kažu, ispravljen značajan broj grešaka iz prvog izdanja. Ostala su, ipak, izvesna mesta koja i tekstologe ostavljaju u sumnji i nedoumici.

Postoji, međutim, i pitanje većih delova koji su izbacivani i ubacivani Servantesovom rukom u kasnijim izdanjima. Naime, posle ovog prvog, izišla su još dva izdanja *Maštoglavog idalga* za koja se sa sigurnošću može tvrditi da ih je Servantes pregledao i u njih unosio izmene. Dve intervencije koje su, kako je utvrđeno tekstološkom analizom, svakako Servantesove, vezane su za krađu i vraćanje Sančovog magarca, za koga se u prvom izdanju na jednom mestu pominje da je ukraden, a na drugom se magarac ponovo pojavljuje, bez ikakvog objašnjenja. Taj nesklad, izazvan premeštanjem delova knjige i izbacivanjem nekih epizoda, izazvao je predvidljiva podsmevanja, pa je Servantes pokušao da ispravi grešku ubacujući u novo izdanje iz 1605. godine dodatke u kojima opisuje krađu i pronalaženje Sančovog sivca. Međutim, pošto je radio u žurbi, jer je drugo izdanje završeno još brže nego prvo, i radi brzine štampano u čak dve štamparije, ne proveravajući previše pažljivo, Servantes je dodatak o krađi sivca ubacio na neodgovarajuće mesto, jer se posle toga magarac još pojavljuje, i nestaje tek nekoliko poglavlja kasnije.

Popravka je napravila veću štetu nego prvobitni propust. Zato je Servantes u trećoj i četvrtoj glavi *Drugog dela maštoglavog viteza*, 1615. godine, odustao od toga da ispriča kako se sve zaista desilo, zato da celoj stvari ne bi pridavao veći značaj nego što ga ima, nego prelazi preko greške iz drugog izdanja i priča o krađi magarca onako kako je to najverovatnije učinio u prvoj verziji koju je iz prvog izdanja *Maštoglavog idalga* izbacio, i prebacuje krivicu na štampara.

Implikacije ovakvog postupka su dalekosežnije. Pošto je Servantes u *Drugom delu maštoglavog viteza* 1615. godine dezautorizovao izmene iz drugog izdanja *Maštoglavog idalga* iz 1605. godine, varijanta iz prvog izdanja iz 1605. godine mora biti uzeta kao autentična. Zato ova dva dodatka, kao informaciju, preštampavaju u savremenim španskim komentarisanim i kritičkim izdanjima izdvojeno od glavnog teksta, na kraju knjige. Tako činim i ja u svom prevodu.

Završavajući ovu belešku o greškama u Servantesovom romanu, setila sam se peruanskog pisca Manuela Skorse. On je, u svojoj pedeset petoj godini, nekoliko dana pre nego što će poginuti u avionskoj nesreći, ima tome više od dvadeset godina, napisao svoj poslednji tekst, naslovljen *Štamparske greške*. Setila sam ga se, jer se ono što je u tom tekstu rekao za sebe, može u izvesnom dubokom smislu odnositi i na Servantesa. A rekao je da je ponekad spreman da pomisli kako se u knjizi njegovog života niko nije zainteresovao da popiše štamparske greške, što me navodi da se setim 1604. godine i one decembarske potvrde prema kojoj „nema štamparskih grešaka" u *Don Kihotu*: „Nijedan korektor se nije pozabavio time da ispravi ono što smatram najvažnijim delom svog života – štamparske greške. Iako, kad dobro razmislim, da je na njih ukazano na vreme, ne bih bio onaj ko sam i ne bih ovde pisao kako čovek koji je bliži smrti nego rođenju pod hitno mora da bude srećan." Baš kao što je „s jednom nogom već u stremenu" Servantes pisao nekoliko dana uoči smrti, ne predviđajući, ili predviđajući bujice i lavine nagađanja koje će njegove knjige izazvati, pošto se u Prologu za *Maštoglavog idalga* već nasmejao svakoj ispraznoj pedanteriji. *Et tout le reste est la littérature.*

Ponedeljak, 15. novembar

O *Vrdalami* i *Don Kihotu* – prevodi, moj prevod, veze između motiva... Neki detalji koji su očigledno iz toga doba: doktor Univerziteta u Siguensi ili, ako hoćete, u Španskom Selu, ili u Murtenici. Ovde možda ima mesta podsetiti i na vezu između Keveda i Sele, sličnih po mnogo čemu. I Selin roman *Hristos protiv Arizone* možda je neki oblik pristupa mističarima. Lik Hrista se provlači ne samo kroz *Don Kihota*, nego i kroz *Vrdalamu*, i nadnosi se nad hor junaka kod Sele. I zatim Hristos, ljubav, koja vodi do mističarske ekstaze. Pa onda Erazmo i *Jaka kao smrt je ljubav*. Hristos, dakle, kao veza. I prema Unamunu, svakako.

Mističari i Don Kihote – sveta Tereza iz Avile volela je viteške knjige; Molinosov *Duhovni vodič* i uživanje, brat Luis de Leon u zatvoru u Valjadolidu, Hristos kod De Leona i kod Servantesa; sestra Huana Ines de la Krus ili od Krsta, sloboda žene i Servantesova Marsela; teološke rasprave o ženi, sv. Jovan Zlatousti i Hrizostom.

Zašto Hrizostom, a ne Grisostom? Možda Grizostom ne bi bila loša varijanta za ime ovog junaka? Želela sam da nekako ipak pokažem, možda i naglasim da je njegova rečitost uveliko uticala na njegovu sudbinu. Sivousti je postao Zlatousti.

Može li se u priči o *Don Kihotu* zaobići Unamuno? Unamuno i Borhes, *Kako se pravi roman* i „Pjer Menar, pisac *Don Kihota*" – pisanje o pisanju i pisanje o prevođenju kao pisanju; dvostruki obrt Servantesovog i Borhesovog kratkog razmišljanja o istoriji. Niz eseja u kojima se govori o preklapanju istorije i fikcije, odnosno, o *istinitosti* slike i reči, imaginacije i snova.

Kasnije

Šta me navodi da nalazim rešenja veoma bliska Daničarovim? Priroda jezika ili priroda teksta? Ponekad je namera, u znak poštovanja prvom prethodniku. Ponekad naknadno otkrijem da je Popovićevo rešenje veoma slično. Kako se takve stvari vide u drugim, engleskim i francuskim prevodima?

Četvrtak, 18. novembar

Da li se Don Kihote ugleda na lutajuće viteze, a poistovećuje se sa Hristom, mada nigde izričito? Da li se Servantes poistovećuje s Don Kihotom, i sa Sančom, kao drugom stranom iste ličnosti?

Razgovori sa J.: razlika između ugledanja i poistovećivanja: ugledanje zahteva od onoga ko se na drugoga ugleda, da postupa isto onako kao i taj. Poistovećivanje ne zahteva nikakve postupke, nego osećaj prepoznavanja sebe u drugome i drugoga u sebi.

Subota, 20. novembar

Teorija o ličnim imenima kao znamenju, *nomen est omen*, bila je u velikoj modi tokom sedamanestog veka. Godine 1609. Pontis de Tijar je napisao svoju tada glasovitu raspravu *De recta nominum impositione*. Servantesu je bilo izuzetno važno kako će nazvati svoje likove, to se vidi na svakoj stranici. Cela jedna strana knjige izgubljena je ako se ta imena uopšte ne prevedu. A prevodioci ih prevode retko. Imena, etimologije, igrarije: kakva pustolovina tražiti sva ta imena. Alija Kočoperlija i Glavombezobzir, šaljiva imena arapskih junaka. Isto kao što je ćebadžija napravljeno po ugledu na tabadžija, tako je i Alija Kočoperlija nalik na Aganliju i Kučuk Aliju. Ime Benengeli neki istraživači tumače kao „sin Jevanđelja“. U svakom slučaju, ime mu je Hamid, „Bogu zahvalni“, mada se na jednom mestu zove i Muhamed. To je slučaj i u epizodi sa Maritornes – da li i njeno ime prevesti negde? Do sada imena junaka iz *Don Kihota* u prevodima na srpski nisu prevođena, a puna su značenja. Traženje reči po rečnicima je pustolovina, traženje mogućih značenja imena, koja predstavljaju igrarije i kombinacije, ali i čitaocu dopuštaju nove asocijacije, jedna je od onih pustolovina koje su se Don Kihotu zacelo dopadale. Mnoga objašnjenja za španske reči uspevam da nađem u Korominasovom *Etimološkom rečniku*. Mnoge srpske izraze ne uspevam da nađem u srpskim rečnicima, Matičinom, Akademijinom. Savremeni španski leksikograf Žoan Korominas beleži kako i leksikografi umeju da budu neumesno čedni.

Još jedan citat iz Jevanđelja (Matej, 5 : 45 i 6 : 26–29): Don Kihote ponovo govori Sanču Hristovim rečima. Za Don Kihota je viteštvo *pozvanje* – još jedna reč koja se može upotrebiti, mada nije sasvim tačan prevod za profesion – i zato i propoveda. Sančo je njegov apostol. „Vaša bi milost pre valjala, reče Sančo, za propovednika nego za lutajućeg viteza.“

Ponedeljak, 22. novembar

„Samoubistvo prevođenjem: kada 'original' govori o svom jeziku govoreći svoj jezik, priprema neku vrstu *samoubistva prevođenjem...*", kaže Derida.

„Prevodilačka struktura ne počinje onim što se zove prevođenje u uobičajenom smislu. Počinje od kako se uspostavi izvestan tip čitanja 'izvornog' teksta. Briše ali i ističe ono čemu se opire i ono što mu se opire. Poziva na čitanje jezika u sopstvenom brisanju: obisane tragove jednog puta (*odos*), jednog traga, put koji, brišući, sam sebe briše. *Translatio*, prevođenje, *Übersetzung*, jeste put koji prelazi preko ili ide dalje od puta jezika, sledeći svoj put."

Prevodootporan jezik, jezik otporan na prevođenje, jeste onaj koji zahteva da prevođenje ustupi pred maštom. Pripadnost jednom jeziku i eksploatisanje višestrukih resursa, pribežišta, mogućnosti, bogatstava, ako hoćete, toga jezika, zahtevaju nešto drugo a ne „uni-formaciju" prevoda u najjednostavnijem tumačenju ovog termina. Takvo prevođenje kroz „uni-formaciju" ne samo što deformiše srpski jezik, nego i briše i jezičke i vanjezičke vrednosti stvorene u izvornom tekstu. Zato je potrebno izabrati drugačiji put. *„Pojam temeljne prevodivosti poetski se vezuje za prirodan jezik otporan na prevođenje"*, naglašava Derida paradoks. „Ne može se razdvojiti filozofija i poezija, samo se moraju prevoditi jedna u drugu, čak i ako poetsko (ukorenjeno u posebnost jednog jezika) smešta ono isto što ograničava prevodljivost koju i pored svega zahteva." Nerazdvojnost filozofskog sadržaja, filozofeme, od oblika u kojem se on predstavlja. Svaka nova filozofija mora učiniti nov korak u formi, kaže Derida govoreći o Šelingovoj originalnosti, pesnička originalnost, te otuda i provokacija, kao i izazov za prevođenje.

„Sve su to teolozi", rekao mi je jednom Karlos. Sve su to barokni pisci, variram ja njegove reči. Još od Keveda se niko nije poigravao jezikom na taj način kao Derida.

Sreda, 24. novembar

„Samoubistvo prevodom. Deridine kaže ili ...?" – prevodom ili prevođenjem? Činjenjem ili delom? Derida kao književnik, Derida i Kortasar, Derida kao prevodilac ili kao pisac kaža o rečima. Kaža je, poučavaju me rečnici, najčešće jednoepizodična priča nejasno osenčenih kontura koja „ostavlja stvarima njihove tajne". Stvarnost u njima nije apstraktna, već subjektivno opipljiva. Kratka radnja se uokviruje u početno i završno iznošenje dokaza u verodostojnost kazivanog; junaku pobeda nije predodređena, i on često postaje žrtva neumitne sudbine i raznovrsnih sila.

Fabulas de Ovidio, kaže Servantes. Fabula je svaka dramska tvorevina: Ovidijeve kaže. Ovde je reč o govoru, kazivanju, naprosto zato što se tekst izgovara u pozorištu, kazuje se na sceni. Iznenađenje kuca na vrata, i – imate gosta. Kaža je i ona Deridina scena na tokijskom aerodromu, s američkim turistom: *So many books!* Scena razgovora telefonom sa Žan-Mišelom Rabateom. Da, ali prave male kaže, kod Deride su kaže o rečima: *galaxy of events* i čaj s mlekom; toliko, da prevodilac počinje da nalazi odjeke reči u rečima i tamo gde ih reč ne mora nužno dozivati, gde tekst i čitanje teksta ne zahtevaju toliko zalaženje u detalje. Neprevodivost reči iz jezika u jezik je ono o čemu svedoče Deridine kaže.

Hablara yo para mañana, kaže Sančo, *ja sam govorio za sutra*, i to je izreka o kojoj Sebastijan de Kovarubijas 1611. godine zapisuje sledeću anegdotu: „O onome ko se, videći da je reč o njegovom poslu, ne poziva na svoju pravdu. Ovu izreku pripisuju nekom namesniku, koji je, pošto je naredio da nekoga čoveka obese, kad je ovaj već imao konopac oko vrata, tajno mu reče na uho i obeća mu ogromnu količinu kruna koje će mu dati; onda gospodin namesnik naglas reče: *Ja sam govorio za sutra*, i ako ste od krune, neću da me izopšte; te ga vratiše u zatvor. *Neka se ne priča više o tome*, kaže se kad želimo da prekinemo naklapanja."

Vitez Jadnog Lica, Vitez Tužnog Lika – naziv koji zaslužuje objašnjenje i kažu o tome kako naći pravu reč. *Triste figura* znači, vele komentatori, kako onoga ko izaziva sažaljenje, tako i onoga čiji je stas jadan, nejak, žgoljav. Kukavan, ucveljen, jadovan, jadan, sinji, pusti, čemerni. Prilika, bolje nego lik; pojava; podobija – nejasan lik (spodoba – ovo ne!); Vitez Čemerne Pojave? Popović je imao jako dobro rešenje : Vitez Žalosnoga Lica, koje je prilično dobro uklopljeno. Nije, međutim, odgovaralo romantičarskim predstavama. U Nolitovim izdanjima je tako Popovićev prevod u Nikačevićevoj redakciji decenijama štampan sa Hajneovim predgovorom. Popovićev prevod menjan je „osavremenjavanjima", a u stvari nerazumevanjem Servantesovog teksta. Popović ga je mnogo bolje znao i razumeo nego što su to kasniji redaktori mogli i da pojme. Možda ponešto od one izvorne vrednosti Popovićevog prevoda i ovde treba vratiti. Ali na drugačiji način.

Četvrtak, 25. novembar

Botanički rečnik Dragutina Simonovića daje mi objašnjenja: špargla, ili vilina metla, zove se još i kalenac. U XVIII glavi, kada Don Kihote opisuje viteze koji učestvuju u boju između dve vojske, mavarske i hrišćanske, govori i o vitezu koji na štitu ima naslikanu – šparglu. Špargla je, kažu, simbol braka. „U Beotiji su imali običaj da supruzi stavljaju venac od špargle (*esparraguera*), kako bi pokazali kolika će kasnije zadovoljstva imati, iako joj u tom trenutku to što ostavlja svoju kuću i roditeljsku zaštitu čini loše", kaže španski renesansni pisac Orosko u *Amblemima morala*.

Danas sam jela marinirane bele špargle.

Josif Pančić i Lujo Adamović, prema *Botaničkom rečni-ku* Dragutina Simonovića, za šparglu navode i naziv „vili-na metla". Špargla stvara jednu vrstu asocijacija, vilina metla drugu. Da li je na ovom mestu Servantesova inten-cija do kraja komična, da li je Don Kihote, koji sve vreme nadeva smešna imena junacima koje izmišlja, ovde zago-netan, ili direktno lascivno komičan? Nevolja je i u tome što sam ja šparglu videla samo na pijaci. Zamišljam debeo venac koji bi se mogao isplesti od onih zelenih ili čak bo-je slonovače štapića sa veoma sugestivnim glavicama na vrhu. Ne znam kako izgleda vreža špargle, te je možda moja lična asocijacija pogrešna. Vilina metla je zanimljiv, srpski naziv za ovu biljku. Ja ga nikada ranije nisam čula. Špargla ili vilina metla?

Niz usputnih izreka koje su biblijske, ili narodne. Bi-blijske sam prenosila prema postojećim prevodima. Na-rodne sam najvećim delom prenosila srpskim ekvivalenti-ma, mada ne uvek. I neke stihove pesama prenela sam iz španskih romansi u deseterac naše narodne pesme. Na taj način, nema potrebe za posebnim objašnjenjima, otkuda i kako, asocijacije postaju jasne. Da li sam grešila? Ponekad u prevodima Sančo sipa zagonetne izreke, koje imaju svo-ju lepotu, ali su čudne, izgledaju kao dosetke samog San-ča. Preneti špansku poslovicu nekom srpskom poslovicom čini tekst čitljivijim. Neka mesta u Popovićevom prevodu su teško razumljiva. Otuda, verujem, što je, kako sam ka-že, želeo da ostane što doslovniji u svom prevodu. Katkad je u toj doslovnosti otišao predaleko.

Lakoća razumevanja i lakoća s kojom radim ponekad me zabrinjavaju. Kontrolisati sopstvene jezičke manire, podrediti ih tekstu koji se prevodi: prevodilac ne sme do-zvoliti da tekst prevoda podvrgne svom jezičkom stilu. Prevodilac stalno mora imati dobru kontrolu, zadržavati distancu.

Yo soy contento de esperar a que ría el alba – doslovno: „Zadovoljiću se time da sačekam da cikne zora." Ili da se

zora nasmeje? Da napukne, kao prosenjena košulja? Otu-
da mislim, ako se kaže „u cik zore", zašto ne bi mogla i
„zora da cikne"? Postoji izraz *„reir el alba"*, kao i niz dru-
gih glagola koji idu u ovom značenju: *romper, rayar, que-
brar* – svi se koriste u značenju „osvanuti".

Nedelja, 28. novembar

Juncker Harnisch aus Fleckenland, prevodi nemački pre-
vodilac pre četiri stotine godina. Ime Dulsinejinog grada,
Toboso, znači *gipsani*: Slađana iz Zemlje Gipsa i Kremen-
Kamen iz Zemlje Mrlja – kao junaci bajke, poput Ivice i
Marice, ili kao junaci nekog srednjovekovnog viteškog ro-
mana...

Sreda, 1. decembar

Razgovaram sa J. Pita me: Zašto ne napišeš dijalog ili
polilog o tome o čemu bi sve *Don Kihote* mogao biti: ro-
man o glumi, o prevođenju, o tumačenju, o opštenju s
drugim, o istini u slici i reči. Kako sve govori Don Kiho-
te? Arhaično-knjiški, narodski, sa Sančom, raskošno i u
različitim registrima. Dal živ, dal mrtav, jal živ, jal mrtav,
il živ ili mrtav? Ne, u razgovoru nije arhaičan, u razgovo-
ru je razgovoran, okretan duhom, oštrouman i dovitljiv,
domišljat i maštovidan, maštoglav i tankouman. Tanko-
uman je dobra reč, oksimoronska, dvosmerna, sadrži u se-
bi svoju suprotnost: tankouman je istančanog uma, ali i
tankog uma, dosetljiv i prefinjenog duha, ali i tanke pame-
ti i nedotupavan. Razlike treba pročitati i odložiti i razlu-
čiti, razdvojiti.

Interludijum

O još jednom piscu koji je svoj tekst preveo

Četvrtak, 2 – sreda, 8. decembar

To što se kod Kortasara ime Servantes može naći samo kao ime jednog hotela u Montevideu, nije činjenica bez značaja, mada možda znači nešto sasvim drugo nego što nam se na prvi pogled može učiniti. Neprestano imam na umu: „Susret s istinom teksta uvek je, uostalom, zaobilazan, i odložen." Tako ni ime hotela nije puka slučajnost. Nije slučajnost ni to što jedan Kortasarov junak umire čitajući priču o smrti za koju tek kroz čitanje saznaje da je njegova sopstvena smrt, kao što nije slučajnost ni to što su mnogi Kortasarovi junaci prevodioci. Ili su sve to, i još mnogo drugog, nizovi slučajnosti koji vode vavilonskoj neminovnosti.

Vavilonsku kulu ne možeš videti, na nju se možeš samo popeti, halucinira Vavilen pod dejstvom gljiva muhara u romanu *Generation 'P'* Viktora Peljevina. Da bi se potom s nje strmoglavio, odjekuje mi u ušima odgovor. Ako prevođenje kao događaj novog teksta uvek predstavlja ispad, onda je strmoglavljivanje s Vavilonske kule rizik koji preuzima onaj ko preuzima zadatak prevodioca, ako i nesvestan utopičnosti, a ono svakako budan za alotopičnost svoga poduhvata.

Tako možda jeste, a možda i nije slučajnost što sam se i setila Deride, i svog prevođenja Deridinog odlomka u tekstu Hulija Kortasara naslovljenom „Dnevnik za jednu priču". Taj „Dnevnik" govori o uspomenama, o sećanju, o prevodiocu i o prevođenju, o intervenciji prevodioca u stvarnost i posledicama tog mešanja, gde prelaz iz uloge večitog drugog u ulogu protagoniste i autora, međutim, ne prolazi nekažnjeno: i uzeo je i dao „deo života čija je mera bila tačna mera onoga čega se najviše plašio".

Neprevodivo i Prevođenje, Neponovljivo i Ponavljanje

U izvesnom smislu, i u svim ostalim, ovde je reč o uspomeni na događaj jednog citata. Dobijam odgovor na pitanje koje još leti ka pošiljaocu: „Nema sumnje onda da je vavilonski posao filozofije i na kuli i u jami, uzdrman mogućnošću da suštinske stvari nisu prevodive. To nikog ne sprečava da ih prevodi. Naprotiv, svaki istinski prevodilac ne može da odoli tom izazovu. Kakav bi to bio zadatak ako ne bi bio nemogućan! Zato bi danas filozofija morala da započne od totalnog prevoda najmoćnijih intuicija, recimo, poput *l'être des Seins of being*, koje su vavilonska osnovica haosa. Totalan je kad je od slova do slova, doslovan, i nosi u sebi smisao koji mu dodelimo i sve ostale smislove."

Tako mi poručuje JA, i nastavlja: „Kao što možeš znati, tako bi mogao da glasi sažetak nečeg što sam davno ispisao, u kompilaciji sećanja i priče, pod naslovom *Prevodilac na zadatku,* koji bi da bude sledeći korak od čuvenog naslova Valtera Benjamina. Korak je logičan: prvo smislimo zadatak, potom pustimo prevodioca da se malo misli sa njim. Šta dolazi zatim? Zadatak od sebe biva sve teži. Prevodilac sve očajniji. Zadatak se uzdigao na vrh Vavilonske kule sagrađene od mnoštva jezika. Prevodilac se strmoglavio na dno Vavilonske jame iskopane u jednom jedinom jeziku. Takva je pozornica na kojoj je postavljen igrokaz Neprevodivog i Prevođenja, ili Neponovljivog i Ponavljanja."

Dnevnik o jednoj priči

Ipak, ovde ću govoriti više o prevodu, manje o prevodiocu, a razlika između pisca i prevodioca nije ona razlika koja se uspostavlja između originala i prevoda: jedna je stvar kada original i prevod zamenjuju mesta, a sasvim druga kada prevodilac postavlja sebe na mesto pisca. Kortasar, čovek sa oba iskustva, iskustvom pisca i iskustvom prevodioca, odlučio je da ono što u ovom tekstu govori o pisanju, čitanju i prevođenju uokviri jednim odlomkom iz Deridine knjige *Istina u slici*.

Kortasar počinje ovu priču, dnevnik o priči ili dnevnik za priču, zapisom od 2. februara 1982. godine, i tu mi privlači pažnju nekoliko detalja. Bezmalo na samom početku, Kortasar se pita:

„Što da pišem priču, na kraju krajeva, što lepo ne bih otvorio knjigu nekog drugog pripovedača[...]?"

A odmah u nastavku dodaje:

„Ali ponekad, kad mi ne ostane ništa drugo nego da započnem priču kao što bih želeo da počnem ovu, baš tada poželim da sam Adolfo Bjoj Kasares."

Reč je, dakle, o čitanju i pisanju, o čitanju i želji za pisanjem, ili čitanju i želji za odricanjem od svakog pisanja. I tu, na tom mestu, u trećem odeljku dvadesetosmodelne priče ili februarskog dnevnika, pojavljuje se odlomak iz Deridine *Istine u slici*. Evo tog odeljka Kortasarovog teksta:

„Čudno je što juče nisam mogao da nastavim sa pisanjem [...] pa se zato razmećem Poom i majem se oko koječega, sad mi se prohtelo da prevedem odlomak Žaka Deride koji sam sinoć našao u *La vérité en peinture*, koji nema savršeno nikakve veze sa svim ovim ali je svejedno primenjiv po nekoj neobjašnjivoj analoškoj vezi [....] Ovaj odlomak je teško razumeti, kako je *chez Derrida* to već običaj, pa prevodim onako kako znam i umem [jedna prevodilačka napomena koja bi se mogla pokazati od izvesnog interesa: *a la que te criaste*, kaže Kortasar na ovom mestu, a ta fraza, taj argentinski kolokvijalni izraz, doslovno znači „na način na koji su te odgajili, vaspitali"] (ali i on isto tako piše, samo što on zna i ume bolje [ovde se vraća isti glagol: *criar*, odgajiti, vaspitati: *solo que lo criaron mejor*: samo što su njega vaspitali, odgajili bolje]):

'ne ostaje (mi) gotovo ništa, ni stvar, ni njeno postojanje, niti moje, ni čist objekt ni čist subjekt, nikakvo zanimanje nikakve prirode ni za šta. A ipak volim: ne, i to je suviše, to još nesumnjivo znači zanimanje za postojanje. Ne volim, ali uživam u onome što me ne zanima, barem u onome za šta je svejedno volim li ga ili ne volim. Zadovoljstvo koje nalazim, ne nalazim, radije bih ga uzvratio, vraćam ono što nalazim, primam ono što uzvraćam, ne uzimam ono što primam. A ipak ga sam sebi pružam. Mogu li reći da sam sebi pružam? Tako je univerzalno objektivno – kako to zahteva moje rasuđivanje i zdrav razum – da može doći samo iz čiste spoljašnjosti. Nepripojivo. U krajnjem slučaju, zadovoljstvo koje sebi pružam, ili tačnije, kojem se prepuštam, putem kojeg se dajem, ne mogu čak ni iskusiti, ako iskusiti znači osetiti: pojavno, iskustveno, u prostoru i u vremenu moga zainteresovanoga ili interesantnoga postojanja. Zadovoljstvo čije je iskustvo nemoguće. Ne nalazim ga, ne prihvatam ga, ne uzvraćam ga, ne pružam ga, ne pružam ga sebi nikad jer *ja* (ja, postojeći subjekt) nikada nemam pristupa lepom kao takvom. Utoliko što postojim, ne znam za čisto uživanje.'

Derida govori o nekome ko se suočava s nečim što mu se čini lepo, i otuda sve ovo dolazi; ja se suočavam sa jednim ništa koje predstavlja nenapisana priča, s praznim mestom priče, s rupom [ili jamom] na čije mesto treba da dođe priča, u koju treba da se smesti priča [...] I zadovoljstvo leži u tome, makar i ne bilo zadovoljstvo i makar ličilo na neku žeđ za solju, kao nekakva želja da se odreknem svakog pisanja dok pišem [...]"

Najava: prevod je original

Pripovedač počinje dnevnik čitanjem. To je i dnevnik čitaoca tuđih tekstova za koje bi voleo da su njegovi, čitaoca tuđe veštine koju bi voleo da prisvoji: „Voleo bih da sam Adolfo Bjoj Kasares", kaže, a odmah zatim mu nado-lazi želja da prevede odlomak iz Deridinog „Parergona" iz knjige *Istina u slici*, kako Deridin naslov prevodim za ovu priliku. Kortasar ovde, dakle, u jednom jedinom udvoje-nom gestu, čita i piše – da je prevođenje povlašćeni oblik čitanja, to znamo – i njegov čitalačko-prevodilački posao proizvodi dodatak koji je strogo propisan tekstom koji prevodi, ali propisan potrebama izvesnog oblika *igre*.

Pripovedač najavljuje prevod koji sledi, kao svoj, pri-povedačev prevod, govori o tome kako je urađen, a zatim ga ispisuje. Ispisan kao reči pripovedača, tekst prevoda se menja, pomera se njegov status: prevod prestaje da bude prevod i postaje original. Da li je time i original postao prevod? U izvesnom smislu, jeste.

To što izvorni tekst traži da bude poništen kao izvorni tekst, traži da zauzme mesto dodatka, nadomestka, suple-menta ili suplenta (dobri stari naziv za zamenika stalnog učitelja, što je značenje koje nam ovde nije na odmet), a da prevod zauzme njegovo mesto kao original, da li to znači da taj teskt ovde zahteva samoubistvo prevodom? Ili je možda samoubistvo prevodom u tome što će odnos teksta – tekstova – na različitim jezicima *prevođenjem* biti doveden do toga da original postane prevod, a prevod – original? Kada i kako se to uopšte može desiti? I može li prevođenje nadživeti takav čin?

Kada će dva teksta na dva jezika proizvesti mlaz doga-đaja dovoljno jak da se izlije iz galaksije prevođenja i na-pravi potop, tako da meni kao prevoditeljki ostane još sa-mo da se popnem na Vavilonsku kulu, da kročim na nju i zagazim u vavilonsku pometnju koja mi neće dati da više vidim samu kulu? „Vavilonsku kulu ne možeš videti, na nju se samo možeš popeti", ponavlja mi muharama pome-teni Vavilen. „Zapravo, kad govorimo o Vavilonskoj ku-li, može biti jedino da je mi vidimo, a nikad ne možemo da se popnemo na nju", oponira moj prijatelj ovom cita-tu. Možda to zavisi od svetlosti: u mraku jame verujem da sam na vrhu, hoću da prokopam prolaz, verujem da je „suviše visoko, gore, moje stajalište": potrebna mi je veštačka svetlost da bih osvetlila mrak i videla da li sam visoko, gore, mogu li se uopšte popeti, ili sam dole, u jami. Pod dnevnom svetlošću možda bih videla haos, a u mraku tražim veštačku svetlost, da ne bih upala u nju. Ili svesno gasim svetlost da, onako u pomrčini, uopšte ne bih znala da sam u jami? Svejedno se penjem, savlađujem visinu kule, kao alpinista Mont Everest, a i ne znam da u stvari samo pokušavam da se iskobeljam? Ili znam, ali moram da zamislim kako, premda je nemoguće, ja to mogu. Moram, da bih preživela.

Prva etapa: trag originala u originalu

Proganja me ta ritmična rečenica koju sam upamtila kao stihove:

„Ne ostaje (mi) gotovo ništa: ni stvar, ni njeno postojanje, niti moje, ni čist objekt ni čist subjekt, nikakvo zanimanje ničega ni za šta." Ovo je samo jedna od mogućih varijanti, razume se, jer u pitanju su poslednje reči: *„de rien qui soit à rien qui soit"*: bilo čega za bilo šta, ničega ni za šta, ničega za ništa, ili čak: „nikakve prirode ni za šta"? Interesovanje, zanimanje, koje prelazi iz ničega u ništa. U prevodu Spasoja Ćuzulana u knjizi *Istina u slikarstvu*, Nikšić, 2001 (uzgred da napomenem da je *Istina u slikarstvu* 1988. godine objavljena u sarajevskoj Svjetlosti u prevodu Ćuzulana i Dizdarevića) ova rečenica glasi: „Ne ostaje (mi) skoro ništa, ni stvar, ni njeno postojanje, ni moje, ni čisti objekt, ni čisti subjekt, nikakav interes ni za šta što bi bilo u odnosu na bilo šta". Čitam, iz ovog prevoda, da je reč o nedostatku interesa, zanimanja, za nešto što postoji u odnosu na nešto drugo. Grešim li u čitanju? Ako ne grešim, i ovaj bi se prevod mogao primeniti na Kortasarov „original". Ali na drugi način, i tako da nema nikakve veze s njegovim raspoloženjem, pa čak ni s njegovim namerama: „nikakvo zanimanje bilo kakve prirode za bilo šta".

Derida me podseća: „Sa svoje visine, Vavilon u svakom trenutku nadzire i iznenađuje moje čitanje: ja prevodim, prevodim prevod Morisa de Gandijaka jednog Benjaminovog teksta koji, kao predgovor jednom prevodu, tu pronalazi izgovor da kaže čemu i u čemu je svaki prevodilac obavezan – i usput primećuje, što je suštinski deo njegovog dokazivanja – da ne može biti prevoda prevoda. Treba se toga setiti." I još: „Želeo sam da naznačim da je svaki prevodilac u položaju da govori *o* prevodu, na mestu koje nije ništa manje nego drugo ili drugorazredno."

Recimo da je pred mene postavljen zadatak prevodioca prevodioca, zadatak prevoditeljke: „Od samog naslova", obraćam se „Vavilonskim kulama / Vavilonskim obrtima", „Benjamin smešta problem, u smislu onoga što se upravo ima *pred* sobom kao zadatak: to je zadatak prevodioca a ne prevođenja (*niti, uostalom, uzgred budi rečeno, a to pitanje nije zanemarljivo, prevoditeljke* – podvukla A. M.)." Ako i umem da budem dobar učenik, kakav sam učinak? Umem li u jednom jedinom udvojenom gestu, tamo „gde plamti večni rat između reči i stvari", i ja da se prepustim nuždi izvesne *igre*, „zastupajući i sprovodeći stav: *original je prevod*, a *prevod* je original"? Ako „ne postoji apsolutni dokaz da je nešto original ili prevod, budući da i prevod i original imaju podjednaka prava da budu original i prevod", to samo znači da se pred mene postavlja dodatni zahtev, da „onoj semantičkoj kombinatorici prevođenja koja izaziva takvo oduševljenje da se čovek sav uzvrpolji" ne sme biti dodato tek bilo šta, jer ono „original je prevod, a prevod je original" ne označava nikakvu nerazmrsivu pometnju niti prostu istovetnost: ono *jeste* koje stoji između originala i prevoda, između pisanja i čitanja, znači i njihovo upadljivo nepoklapanje.

Kakav je zadatak prevoditeljke? Kakav se zadatak postavlja pred uvek drugog? Pronaći delotvornost u podređivanju. Večito drugi, međutim, ne samo da obično ostavlja jači otisak, jači trag precrtavanja, nego u izvesnom smislu postaje i nezamenljiviji. Da protagonisti nikad ne smeju da omanu, nešto je što se očekuje, podrazumeva, i zato prestaje da se primećuje, dokle god se drže svoje uloge. To da oni ne bi bili praktično ništa bez onih koji ih najumešnije slede, brišući ali i ističući ono čemu se opiru i ono što im se opire, jeste stvar koja, kada se jednom ustanovi, postaje upečatljivija.

Druga etapa: brisanje prevoda u prevodu

Tekst u prevodu nadživljava, prevodilac preživljava. Preživljavam, kao prevoditeljka, svaku etapu transformacije teksta. Uvlači me u sebe ono drugo prevođenje, makar bilo od ničega ničemu. *De rien qui soit à rien qui soit.* Dakle, najpre Kortasar prevodi Deridu. Da li je bilo mesta da prevodim Kortasara tamo gde sam u stvari prevodila Deridu? Kortasar u najavu prevoda ovog odlomka unosi, onako uzgred, izraz „*a la que te criaste*": kako su te vaspitali, kako su te odgojili, kako su te naučili, i dodaje da i Derida pomalo tako piše, precizirajući: „samo što su njega odgojili, vaspitali, naučili, bolje." I nastavlja rečenicom, melanholičnom, u kojoj (Deridin) pripovedač govori o tome da (mu) ne ostaje gotovo ništa, *presque rien*, nikakvo zanimanje, nikakvo interesovanje, bilo čega za bilo šta, od bilo čega za bilo šta, baš ničega za baš ništa, *de rien qui soit à rien qui soit*, ili, kod Kortasara, *de ninguna naturaleza por nada.*

Eto primera prevoda koji je postao original. Pred mene je stao zadatak da od prevedenog teksta, prevodeći ga, načinim prevod originala. Zadatak koji je zahtevao da prevodim pod veštačkom svetlošću, pomalo kao da prevodim

Dekartovo objašnjenje zašto piše na francuskom, a ne na latinskom, na latinski, ali tako da uspem da uverljivo zadržim sve što je u argumentaciji izneto: da vratim tekst izvoru kroz mlaz događaja koji će sačuvati nešto od mleka, pa i čaja s mlekom, kojima tu nema mesta.

I šta činim? Prevodim originalni, izvorni, Kortasarov odlomak pripovedačevog prevoda Deridinog odlomka, koji, kroz prevođenje, kao prevod, postaje izvorni tekst. Deridina varijanta ostala je tek kontrolni uzorak. Odlomak je u prevođenju postao Deridin prevod Kortasarovog teksta. „Susret s istinom teksta uvek je, uostalom, zaobilazan, i odložen." Zbunjenoj, u nedoumici pred ovim čudom – a najveće čudo je čovek koji oko sebe ne vidi čudo, podseća me Al-Haladž – obraćam se za pomoć Deridi, i on mi je, uvek ljubazan, pruža, dok razmišlja šta se dešava *ako ima mesta prevoditi*, govoreći kako „prevodilačka struktura ne počinje onim što se zove prevođenje u uobičajenom smislu", nego već ili tek kada se uspostavi izvestan tip čitanja „izvornog" teksta, koji „briše ali i ističe ono čemu se opire i ono što mu se opire", i tako, u tom pozivu na čitanje jezika u sopstvenom brisanju, sledi put koji prelazi preko ili ide dalje. U ovom slučaju, sledi put koji vodi ka prevodu koji kroz prevođenje prevoda postaje original. Put u samoubistvo ili u – drugo – nadživljavanje?

I kakve sve ovo ima veze sa *Don Kihotom*?

Sužanjstvo u Alžiru bilo je događaj u Servantesovom životu koji taj život deli na jedno pre, i jedno posle. U sužanjstvu je, tvrde istraživači, Servantes stekao znanja o muslimanskoj kulturi. Kakav je uticaj proizveo na Servantesa alžirski susret sa *strancem* tokom sužanjstva? I da li je uopšte u pitanju istinski susret sa strancem, jer ima i mišljenja da Servantesovo poznavanje muslimanske kulture ne potiče od onih pet godina sužanjstva u Alžiru, nego da ju je on već vrlo dobro poznavao kroz sopstvenu špansku kulturu, mešovitu i hibridnu. Osam vekova Arapi su vladali u španskim zemljama, a čak i posle konačnog ponovnog osvajanja poluostrva, sve do duboko u XVII veku, Morisci su živeli na tlu Španije. Servantesova naklonost prema njima može se pročitati i u činjenici da je *Don Kihota* pripisao Morisku, arapskom i mančanskom povesničaru Sidu Hamidu Benengeliju, čiju je knjigu kupio na tržnici, a onda je dao drugom Morisku, da je prevede „za dve merice suvog grožđa i tovar žita". Pisac koji je kupio svoju knjigu, i naručio njen prevod od prevodioca koji je obećao da će je „prevesti dobro i verno, i to veoma brzo", te ju je „za nešto više od mesec i po dana celu preveo, baš ovako kako se ovde kaže." Sledeći trag izvornog prevodioca povesti o Don Kihotu, i ja je prevodim baš ovako kako je ovde zapisana. Prevodim originalni, izvorni, Servantesov zapis Alhamijadovog prevoda povesti o Don Kihotu, koji je kroz prevođenje, kao prevod, postao izvorni tekst. Prevod je u prevođenju postao Servantesov zapis prevoda Benengelijevog teksta. Promene su neznatne, neprimetne, i ako predugo zurimo u taj vrtoglavi bezdan, on će početi da zuri u nas.

Zato se okrećem na drugu stranu. „Susret s istinom teksta uvek je, uostalom, zaobilazan, i odložen." Zato ponovo nalazim Al Haladža, da me pouči još nečemu. Da me pouči misticizmu komičnog.

Četvrtak, 10. februar

Ko ne može rešeto prekoračiti, neka se ne udaje – tako glasi naša poslovica; da li postoji i u španskom, i da li je ovde aluzija na zrelu ženu to što Sančo govori o sejanju žita kroz rešeto?

Trideset prva glava, Don Kihote govori o Dulsineji. Mesto je zagonetno, podsmešljivo-zaneseno: „Istina je – odvrati Don Kihote – da ne prati tu visinu i ukrašava je hiljadama miliona i ljupkosti svoje duše." Dulsineja je visoka, ali tu visinu ne prate hiljade miliona (u novcu, valjda?), niti ljupkosti duše. To Don Kihote, priznaje, pa nastavlja: „Ali nećeš mi poreći, Sančo, jednu stvar...“ Ovako ja razumem to mesto. Kako je kod drugih prevodilaca? Svi prevodi ovo prenose suprotno, izbacujući „ne“, i kažu „da prati“. Čini mi se da je ovo primer poznatog slučaja zamenjivanja značenja kod neočekivanih iskaza. O tome postoji dobar članak u zborniku *Difference in Translation*; Nisam uspela da nađem Šeltonov prevod, da vidim kako je on razumeo ovo mesto. Kod Sezara Udena je isto kao i kod drugih prevodilaca.

Subota, 12. februar

Na kraju trideset druge glave, krčmar tvrdi da u knjizi ne može biti laži i besmislica, kad je knjiga štampana sa dozvolom gospode iz Kraljevskog saveta. To ponavlja i kasnije, u glavi pedesetoj. Na početku *Don Kihota* stoji takva dozvola. Vesela igra. Kako je štampano godine 1605, o tome je niz podataka. O tome piše i Astrana Marin, a i neki Čileanac, koji prenosi detaljan opis štampanja koji je sastavio neko još u XVII veku. I kako su slova izgledala, i kako se knjiga slagala: nema velike razlike, sve do danas. Ili tačnije, do juče. Kada sam počinjala da prevodim, još se knjiga slagala olovnim slogom. Sada se već to radi drugačije. I neko možda već za deset godina neće znati šta je to olovni slog.

Utorak, 15. februar

Na španskoj televiziji pričaju o teleskopima. Nazivaju ih „ovi gorostasi“, kažu, „vide koliko i stotine miliona ljudskih očiju“, i zbilja, sve je nalik na zadivljenost pred mlinovima koju je osećao Don Kihote. I danas će Sančo reći, ma nisu gorostasi, nego teleskopi, žiroskopi... ali ipak su to milioni ljudskih očiju, divovi s milionima očiju... Tako nastaje čudo. Zato što ga vidim tamo gde njegova svakidašnjost ne dozvoljava da se ono vidi. Kako radi čip? Kako radi kompjuter, kako nule i jedinice pretvara u slova, u slike? Kako se od zrnca peska dobija beli list hartije na ekranu? Nije li i to isto takvo čudo? Kao i milioni očiju, ili kao krila na vetrenjačama.

„Prevodilac koji hoće da modernizuje tekst *Don Kihota* može se definisati kao anti-Pjer Menar", kaže Alina Šulman. Ako je Alina Šulman u svom prevodu iz 1997. godine i mogla da se ograniči na reči koje su u francuskom postojale do 1650. godine, meni to nije moguće da učinim. Ne bih mogla da se ograničim ni do devetnaestog, a kamoli do sedamnaestog veka. Sedamnaesti vek u srpskom jeziku za mene je nešto sasvim drugo nego sedamnaesti vek u francuskom za Alinu Šulman. Tako se pokazuje da bi svaka vremenska granica u jeziku bila proizvoljna. Izbor leksike i uopšte, jezika kojim prevodim, međutim, zavisi od nečega drugog: zavisi od međusobnog poverenja između mene kao prevodioca sa jedne, i čitaoca prevoda sa druge strane. Moje sposobnosti da uverim čitaoca mog prevoda da je Servantes, da je svaki od likova u romanu, *mogao* govoriti baš onako kako govori u mom prevodu. Prevod koji poštuje taj pakt između prevodioca i čitaoca ne može „izdati" pisca, mora biti blizak originalu, i mora imati bliskost sa svojim čitaocem. Bilo da pokušam da ga nasilno „modernizujem", bilo da pokušam da ga „arhaizujem", svakojako ću „izdati" original, i to je ono čemu me uči Borhesov Pjer Menar. Bliskost se ne može postići nikakvim pojednostavljivanjem, nikakvim uravnjivanjem. Rastojanje između srpskog i španskog jezika postoji. Rastojanje u vremenu od četiri stotine godina postoji. U igru se mora uvesti vaganje, merenje, odmeravanje: između teksta i čitaoca. Između mene kao čitaoca španskog teksta i mene kao zapisivača srpskog teksta. Određeno vreme i prostor upisani su u Servantesov tekst

– u svaki tekst. Ako je u mom prevodu Don Kihote Vitez od Čemerne Prilike, to je zato što mi Servantesov *Caballero de Triste Figura* pruža tu mogućnost: kao što može biti i Vitez Jadnog Lica (kako kaže Đorđe Popović), i Tužnog Lika (kako kažu Popovićevi kasniji redaktori). Prilika: lik, lice, ali i okolnost, mogućnost koja se ukazuje, višeznačnost ove reči daje mi ono što mi je na nekim drugim mestima bilo uskraćeno, da je kroz tekst usmerim prema svakoj od tih mogućnosti koje se pred njom otvaraju.

Velika razlika između originalnog dela i njegovog prevoda leži ne u različitosti jezika, nego u različitosti rizika.

Nedelja, 20. februar

Bližim se poslednjoj četvrtini Prve knjige. Pre nego što započnem prevod novele o zatočeniku, zaustaviću se ponovo. Ono što je trebalo da uradim u januaru, a nisam: da pažljivije beležim svoja čitanja, da sastavljam delove teksta, koji sada već treba da dobiju neki oblik. Da čitam poredeći neke delove sa drugim prevodima. Da doteram malo prevod poslednjih poglavlja, i dam ih J. da pročita. I ocu, i ocu dajem na čitanje. Sad mi već sve nestrpljivije traži sledeće delove, brzinom kojom ja ne mogu da stignem da prevedem. Kao da mi kaže, nemoj me terati sada da čitam Popovićev prevod, a *Don Kihote* me drži. Ne smeš da ostaviš nedorađene delove u Dnevniku, jer to na kraju teško da će i biti dnevnik. Šta je to što želim tu da zapišem, osim što bih htela da zapišem sve? „Dnevnik koji je vođen na preskok, a ne iz dana u dan, kao da i nije dnevnik ... ispada da je dnevnik samo oblik vaše laži...“, čitam, još jednom.

Velike gospode molba gotova zapovest – glasi naša poslovica. Druga kaže, *Pola posla gotovo*. Došla je od priče o Cigi koji hoće da se ženi carevom kćeri – a druga polovina posla je da i ona njega hoće. Traganje za poslovicama, dešava se, donese mi rešenje za nešto drugo, a ne za ono što sam tražila. Utoliko bolje, ako se listanje ne završi bez ikakvog ishoda. Ipak, naših poslovica ima sakupljenih dva puta više kod Vuka, nego u rečniku poslovica španske Akademije, koja obuhvata one zabeležene u književnim delima, i prikupljane direktno iz usmene tradicije. Opet, kao da Sančo sipa mnogo više nego što je Vuk ikada mogao da sakupi... Na kraju sam špansku poslovicu *ciertos son los toros* prevela sa „pola posla gotovo".

Subota, 2. april

„*Con una no vista arrogancia llamaba de vos a sus iguales*" – formule obraćanja: *vos, tu, usted* i današnje ti i vi ne poklapaju se; da li treba preći preko toga, ili kako prilagoditi zamenicu? Danas svakako može značiti nadmenost i prezir kada se nekome koga dobro poznajete obraćate na vi. „Ja se uvek svađam na vi, ma koliko dobro poznavala osobu", sećam se reči koje sam čula od Vere Belogrlić u detinjstvu; takva je bila čak i moja svađa od pre neki dan: osobi s kojom sam se svađala govorila sam „gospođo". Lako možemo zamisliti taj obrt. To je, međutim, još jedan od obrta poput onog sa početka romana, iz prve glave, kada Servantes objašnjava šta je i kada jeo Don Kihote: kaže, subotom je jeo kajganu sa čvarcima; subotom se u Španiji posti; u Srbiji se subotom ne posti; u Španiji je uobičajeno da se, tokom subotnjeg posta, jedu iznutrice; u Srbiji se tokom posta ne jede nikakvo jelo životinjskog porekla, samo se može jesti riba; svako čuđenje izostaje, a ničega čudnog i nema u Don Kihotovoj ishrani: ona je savršeno uobičajena za čoveka iz njegove zemlje u ono vreme; mada je po sredi niz nesporazuma, nerazumevanja, pogrešnih tumačenja usled nepoznavanja kulture i običaja, efekat kod španskog čitaoca i kod srpskog čitaoca ostaje isti: opisuje nam se naprosto jelovnik seoskog vite-za, nimalo bogat niti neobičan, i kroz taj jelovnik saznaje-mo koliko je skromno njegovo imanje. Preko nesporazu-ma do savršenog razumevanja. Dobro razumemo Servantesa, mada „ne govorimo istim jezikom", najbolje se razumemo kada se uopšte ne razumemo. Paradoks pre-vođenja? Svakako, i jedan od najboljih. Hermeneutika prevođenja? Ona može doći posle, i uvesti nas u začarani lavirint kojeg nismo bili svesni kada smo se u njega upu-stili, čitajući prevod. Prevodilac, međutim, zna. Ili bi ba-rem morao znati. I nalazi uživanje u igri skrivanja i otkri-vanja tajne za koju samo on zna. Tajne koju ne zna pisac, ne znaju likovi, ne znaju čitaoci. Nije više u pitanju znanje koje ima Don Kihote, iako ga Servantes nema. Nije u pi-tanju ni znanje koje ima španski čitalac, ali ga čitalac pre-voda ne može imati. U pitanju je znanje koje nema niko osim onoga ko stoji između dva jezika, između dve tajne, i gleda kako se jezici poigravaju njime, kako bi mu na kra-ju učinili poklon. Zamislite zamršeno objašnjenje koje sam ovde ukratko pokušala da vam iznesem, kao prevodi-lačku napomenu na dnu stranice? Malo je čitalaca prevo-da kojima se ne bi zavrtelo u glavi od njega. I povrh toga, to bi bila napomena koja objašnjava zašto je jasno ono što je jasno, zašto je poznato, razumljivo i nedvosmisleno ono što već takvo izgleda, ali – iz neznanja, iz nepoznavanja, nerazumevanja i savršeno dvostrukog smisla.

Servantes u Americi, četiri veka kasnije

Tokom aprila

Dana 21. aprila 1590. godine, Servantes je u Madridu podneo molbu upućenu predsedniku Saveta za Indije, tra-žeći da mu se dodeli nekakvo zaposlenje u Novom svetu, „od tri-četiri koja su sada slobodna, a jedno je računovodstvo u Kraljevstvu Nova Granada, ili uprava nad provincijom Sokonusko u Gvatemali, ili kao nadzornik galija u Kartaheni, ili korehidor grada La Pasa". To je Servantesov poslednji pokušaj da mu se dodeli neka od privilegija o kojima je sanjao po povratku iz zatočeništva u Alžiru. „Da ju je dobio", pita se Žan Kanavađo u svojoj biografiji Servantesa, „da li bi otišao bez namere da se vraća? Da li bi bio izgubljen za književnost? Možda i ne bi, ali nam je teško da zamislimo Don Kihota i Sanča kako dolaze na svet pod kolumbijskim ili gvatemalskim nebom. U najmanju ruku, njihov bi profil bio drugačiji i njihova bi slava zacelo zbog toga trpela." U *Ljubomornom Ekstremadurcu*, Servantes kaže da su Indije „pribežište i utočište za očajnike iz Španije, crkva za pečalbare, propusnica za ubice, jedro i paluba za kockare koje upućeni u tu veštinu nazivaju *majstorima*, opšte vabilo za slobodne žene, zajednički mamac za mnoge i naročit lek za malobrojne." Osuđen na preživljavanje u nekoj zabiti, daleko od Meksika i Lime, koji su bili intelektualne prestonice Novog sveta, izložio bi se opasnosti da iščezne u anonimnosti, poput Matea Alemana, pisca Servantesu dragog *Gusmana od Alfaraćea*. Na sreću ili na nesreću za samog Servantesa, takva sudbina mu je uskraćena. Uz njegovu molbu, ruka činovnika stavila je šturu belešku: „Neka potraži da mu se učini neka milost ovde." Da otplovi u Novi svet, nije mu dozvoljeno. Petnaest godina kasnije tamo će, međutim, otploviti *Don Kihote*, koji je morao da bude krijumčaren i sakrivan, da ne bi bio zaplenjen i uništen: u Indijama, u Americi, Novom svetu, vicekraljevske vlasti nisu imali mnogo naklonosti prema zabavnim romanima koji dolaze s one strane „Okeanskog mora". Verovali su da oni služe samo tome da iskvare dobre običaje. Četiri stotine petnaest godina kasnije, od 16. do 22. aprila 2005. godine, Američki PEN Centar organizovao je Festival međunarodne književnosti *PEN Glasovi sveta*, „u uverenju da je to

jedan od najboljih mogućih odgovora na američku kultur-
nu izolaciju".

Godinama se u Americi govori o „nacionalnoj krizi
prevođenja", koja je možda dostigla vrhunac kada je jedan
ugledni izdavač u *Njujork Tajmsu* nedavno izjavio kako
njegova kuća smanjuje broj prevoda zato što oni nisu eko-
nomski isplativi. Ester Alen, ugledna američka prevodi-
teljka i predsednica PEN-ovog Komiteta za prevođenje,
na to je primetila kako je „izuzetno malo verovatno da bi
bilo koji izdavač u SAD javno izjavio kako dela koja pišu
žene, ili afroamerički pisci, itd., nisu ekonomski isplativa,
a čak i kada bi se neko tako nešto usudio da izjavi, može
se zamisliti kakve bi to proteste izazvalo. Ali kada izdava-
či najavljuju da će smanjiti broj prevoda ili prestati da ih
objavljuju, niko se ne buni. Zašto?" Nije, veli, ta ravnodu-
šnost prema tuđim književnostima ništa novo. Slično se
događalo i pedesetih godina, kada je Alister Rid pokušao
da zainteresuje američke izdavače za pisca po imenu Hor-
he Luis Borhes. Odasvud je dobijao odgovor da ne samo
što ih ne zanima Borhes, tada već slavan u Francuskoj, ne-
go da ih uopšte ne zanimaju bilo kakvi tekstovi iz Latin-
ske Amerike.

Šezdesetih godina dvadesetog veka, presudnu ulogu u
daljem opstanku prevodne književnosti u SAD, kao i u
proslavljanju latinoameričke književnosti širom sveta, odi-
grao je Rokfelerov Centar, koji je od 1967. petnaest go-
dina davao stipendije i omogućio prevođenje sedamdeset
knjiga. Nije prevelik broj za petnaest godina, u zemlji ve-
likoj kao SAD. Sada se desilo nešto slično: američki PEN
dobio je anonimnu donaciju od 700.000 dolara kao podr-
šku prevođenju književnih dela na engleski. Tako je PEN
dobio mogućnost da organizuje i ovaj festival.

Poziv da učestvujem u razgovoru prevodilaca *Don Ki-
hota* u Njujorku, u Indijama, u Novom svetu, tamo gde
Servantes nije nikada uspeo da stigne, ma koliko želeo, i
tamo gde prevođenje nazivaju zanatom u izumiranju, de-

lovao je neočekivano. Njujorški Institut Servantes pridružio se PEN-u, i u okviru ovog Festivala organizovao dva događaja, da proslavi četiri stotine godina *Don Kihota*. Tako pisci iz zemlje u kojoj, kako govore, vlada kulturna izolacija i prevođenje je na samrti, pozivaju prevodioce *Don Kihota* na razne jezike da o svojim prevodilačkim iskustvima govore u Njujorku. Pozivaju i pisce koji pišu na različitim jezicima da govore o *Don Kihotu*.

Policajac na aerodromu, prilikom prelaska granice, pažljivo proučava moje podatke u pasošu, u kompjuteru, skenira mi kažiprst, pa oko. Na kraju me pita: „Poslom ili turistički? Poslom, kažem. A čime se bavite? Prevodilac sam, kažem, i počinjem da objašnjavam, PEN, Festival međunarodne književnosti, susreti prevodilaca, *Don Kihote*, knjige... Aa, knjige prevodite? Pa zar im nije bilo lakše da vam pošalju knjigu kući da je prevedete, nego da vas dovode čak ovamo?"

Ali, to se desilo kasnije. Najpre su se dogodile neke druge stvari.

Utorak, 5. april

Sve je počelo pre mesec mesec dana, jednom elektronskom porukom. Mejl najpre nisam ni pogledala, misleći da je u pitanju još jedan od poziva na kurseve za profesore španskog, predavanja, izložbe... Nisam posebno druželjubiva u poslednje vreme, *Don Kihote* suviše traži. Ostavila sam poruku da je pročitam kasnije. Posle dva-tri dana, shvatim da to uopšte nije poruka iz beogradskog, nego iz njujorškog Instituta Servantes. Devojka mi piše na srpskom, odnosno, na hrvatskom. Kaže, našla je moju adresu preko Interneta, nije sigurna da li sam to uopšte ja, a ukoliko jesam, da li bih došla u Njujork na razgovor sa drugim prevodiocima *Don Kihota*? Najpre se osetim polaskana: susret sa drugim prevodiocima, veliki pisci iz celog

sveta... Obuzme me oduševljenje. Onda me savlada le-
nost. Njujork? Pa to je ceo dan putovanja. Radi tri dana
boravka tamo? Biću premorena, neće mi biti ni do čega.
Ne znam šta da odgovorim. Ko uzme, kajaće se – ko ne
uzme, kajaće se. Ali ja, za razliku od Don Kihota, nisam
tako ubeđena u neizostavnu mudrost poslovica. Da su za-
bavne, jesu. Da su pune živosti, jesu. Ali mudre? No, po-
slovice na stranu, šta da odgovorim? Da idem, ili da ne
idem? Već napola odlučim da idem. Onda ipak još malo
oklevam. Tražim savet od JA, što već znači da želim po-
tvrdu da sam dobro odlučila. JA nikad ne nagovara direk-
tno, što znači da nagovara nepogrešivo.

Naravno, odgovaram na poruku iz Njujorka i kažem,
rado ću doći, samo, viza je problem. Još čuvam odstupni-
cu. Odonud mi odgovaraju, poslaćemo i kartu, i poziv,
evo, našli smo vam i sajt američke ambasade u Beogradu,
javite ako imate problema. Odlazim u beogradski Institut
Servantes, razgovaram sa direktorom, Huanom Elorija-
gom. Pomoći ću koliko mogu oko vize, kaže. Zvaću ame-
ričku ambasadu, učiniće valjda nešto. Kupujem svoj broj
u Rajfajzen banci, javljam se telefonom. Kažu, za deset
dolara sam kupila osam minuta razgovora. Zašto baš
osam minuta za deset dolara? Zovem, zakazuju mi „inter-
vju" u ambasadi. Huan mi se podsmeva: ha, zakazali su ti
razgovor u pola devet ujutro, da te uhvate još na spava-
nju, da priznaš, ako si terorista. Vala baš. Čekam u redu,
nakostrešena. Tražim razlog da se okrenem i odem. Vizu
sam već platila, unapred: dobila, ne dobila, isto mi se hva-
ta, sto dolara na sunce, odnosno, u Rajfajzen banku. Paž-
ljivo čuvam svoje potvrdice. Uzimaju mi otiske levog, pa
desnog kažiprsta. Žena koja pored mene sedi u čekaonici
uznemireno komentariše: da li će nam dati vize? Godina-
ma nisam videla sina, volela bih da upoznam unuka...
Ustajem, prilično ravnodušno, odlazim do šaltera. Aha, vi
ste prevodilac. Jesam. A *Don Kihota* prevodite onako, iz
zabave, ili imate ugovor? Imam ugovor. Dali su nam i po-

moć španskog Ministarstva, dodajem, da vidi koliko sam ozbiljna. A šta još prevodite? Pa evo, sad sam baš nešto završila... Aha, dobro, dođite sutra po vizu. Hvala, kažem. Iz učtivosti, ili iz zahvalnosti?

Petak, 15. april

Dakle, Njujork. Ali, ne lezi vraže. Treba odleteti iz Beograda, stići u Beč na vreme za avion za Njujork, a JAT u štrajku. Hoće li sve biti u redu? Hoće, kažu. Javite se ipak u četvrtak. U četvrtak, JAT opet u štrajku. Ići ćete preko Minhena, Lufthanzom. Aha, preko Minhena. Možda ću u avionu sresti Suzane Lange, koja prevodi *Don Kihota* na nemački? Putovanje bi bilo zabavnije. Osam sati putovanja, puno radno vreme. I sve po suncu, po vedrom danu, koji traje i traje... Pomišljam, kada bih sad ostala u Americi, bila bih šest sati na čistom ćaru. Ili bi ispalo da sam putovala kraće. Ne znam, matematika me obično zbuni.

U avionu se polijem sokom od paradajza. Stjuardesa mi donosi papirne salvete, samo sam se još više ubrljala. Fleke od paradajza na svetlim pantalonama. *Junker Harnisch aus Fleckenland*, Junker oklopnik iz zemlje mrlja: eto mene u zemlji mrlja i fleka, *en el pais de las manchas*.... Uostalom, JA mi već odavno govori: rođena si za njega, i prezimenom si za njega predodređena. Nije da nisam. Samo su u avionskoj kompaniji pomislili da sam predodređena za nešto drugo, pa su na rezervaciju umesto MANCIC stavili MANIC ... *manic depressive?*

Ukratko, slećem. Pošto sam se onako srdačno ispričala s policajcem, na izlazu me dočekuje vozač sa natpisom: MANCIC, LANGE. Aha, znači Nemica je ipak doputovala istim avionom. Izlazim napolje da zapalim cigaretu dok ona ne stigne. Nije valjda ona neprijatna žena koja je sedela pored mene u avionu? Ne, to je ona devojka u crvenom džemperu koju sam nekoliko puta videla kako stoji u redu za toalet. Da, moje sedište imalo je izvanredan pogled na toalet. *Hi*, kažem, ali se odmah ispravljam: *Hola*, ja sam Aleksandra. *Hola*, kaže, ja sam Suzane. Odmah započinjemo priču o zajedničkoj ljubavi. Ha, kažem, ponosno pokazujući svoje fleke, *Junker Harniš aus Flekenland*... Ah, znaš nemački? Ne, ne znam, osim nekoliko reči, ali sam našla u rečniku...

Stižemo u hotel na Leksington aveniji. I ja bih, poput Antonija Munjosa Moline u *Prozorima Menhetna*, mogla reći da je prva ulica na koju sam stupila nogom u Njujorku bila Leksington avenija. I bila bih u tome jednako tačna koliko i on. Hotel *W* je veliki. Preko ulice, istorijska *Valdorf Astorija*. Unaokolo, poslovne zgrade. Na sedamnaestom spratu nas dočekuje Stejsi, hiperuslužna i hiperprecrkla, spremila nam paketiće: pozivnice, ulaznice, pozivna pisma, usmeni pozivi: sutra u podne Salman Ruždi počeće da piše priču na ovom starom andervudu ovde, u čast pisaće mašine i književnog festivala. Svi učesnici se pozivaju da je nastave, na kojem god jeziku žele...

Subota, 16. april

Sutradan se budim rano, i polazim u šetnju. Ulice su puste, četvrt u kojoj se nalazi naš hotel je pravi *down town*, donja mala, kako bi se to kod nas reklo. Centar grada, i pomalo, centar sveta. Tu je Park avenija, sa onim grozno skupim stanovima, pa Peta avenija. Osećam se neudobno. Ulice su puste, subota je jutro, ulazim u knjižaru Barnz end Nobl. Razgledam malo, gomile memoara, sa svake police u tebe zuri neko lice, političari, biznismeni, svi pišu memoare. Knjige Salmana Ruždija, međutim, ne nalazim. *Come again, how do you spell it?* Pita me momak za kompjuterskim terminalom. Trenutno nemamo ništa, ali možemo da naručimo, uslužno mi nudi. Na spratu, zavučenu u ugao, nalazim policu na kojoj piše: *Writings about*

Writing. Pisanja o pisanju. Tu nalazim Osterovu *Knjigu iluzija*. Nalazim i policu sa knjigama na španskom – ispostaviće se, to su jedine strane knjige koje se mogu naći u ovoj knižari – kupujem *Prozore Menhetna* Munjosa Moline, i Markesove *Tužne kurve*. Tu je i *Don Kihote*, naravno, i to za svega 12 dolara. Novo izdanje Španske kraljevske akademije, za jubilej. Da li mi je potrebno još jedno izdanje *Don Kihota*, pored nekoliko španskih, i nekoliko prevoda na strane jezike koje već imam? Uostalom, reče mi onomad Soldatić, profesor u Beogradu, sa izdanjem Fransiska Rika, nema toga ko će promašiti smisao ijedne reči. U pravu je, Rikovo izdanje zaista je najobjašnjenije izdanje ijedne knjige koju sam ikada videla. Akademijino novo izdanje ne kupujem, odlažem odluku za kasnije.

Vraćam se ka hotelu, ne želim da propustim trenutak kada će Salman Ruždi sesti za mašinu. U blizini hotela nailazim na zgradu Instituta Servantes. Prelepa bašta, sa ogledalom, od kojeg mi se najpre učinilo da je produžetak vrta. Zgrada je njujorški *Landmark*, čitam na tabli, iz 1864. Kada sam o tome kasnije pričala Danici, pitala me je, a kako si samo zapamtila godinu? Zastanem na trenutak, onda se setim: to je godina kada je rođen Unamuno, onaj sa *Životom Don Kihota i Sanča*...

Penjem se na sedamnaesti sprat hotela *W* u kojem smo smešteni, u kancelariju PEN-a u kojoj nas je Stejsi prethodne večeri sačekala. Unutra je puno ljudi. Unaokolo kruži fotograf, s vremena na vreme škljocne. Na velikom stolu kafa, kolači, voće. Stejsi nas poziva: evo, imamo terasu, velika je, imate i stolice i pepeljare, napolju slobodno možete da pušite. Izlazimo, stidljivo vadimo cigarete, Arapi, Indusi, Rusi, i ja. Jedan Afrikanac takođe izlazi napolje, ali ne puši. Odjednom shvatamo da je unutra nešto počelo da se dešava. Fotograf se uzmuvao, blic seva, ljudi se skupljaju oko stola sa pisaćom mašinom. Ulazim unutra. Za stolom sedi Salman Ruždi, kuca prve redove priče koju će nastaviti drugi učesnici. Prilazi mi prosed čovek:

Hallo, ja sam Majk Roberts, generalni direktor američkog PEN Centra. Veoma mi je drago što ste stigli. Da li je sve oko vize proteklo u redu? Ah, Ruždija sam juče uhvatio, nastavlja on, ceo dan je smišljao šta će danas napisati... Aha, da vas upoznam: ovo je Elena Ponjatovska, jedna od najvećih meksičkih spisateljica. Čim Ruždi ustane od stola, Elena mu prilazi: hoće li nam PEN poslati podršku za gradonačelnika Sijudad Meksika? Veoma je popularan, namerava da se kandiduje za predsednika Republike, ima veliku podršku, zato mu nameštaju igru i hoće da mu ukaljaju ime skandalima pre nego što postane suviše opasan. Podrška PEN-a mnogo bi nam značila...

Pored mene stoji još jedna gospođa. *Hi*, ja sam Pat Mora, drago mi je... Hoćemo li da se upoznamo sa Ruždijem? Da li ste ga vi već upoznali? Ne, nisam, kažem. Hoćemo, svakako. Elena Ponjatovska dugo objašnjava Ruždiju problem oko predsedničkog kandidata. Mladići i devojke iz PEN-a pozivaju svakoga ko se tu zatekao da otkuca nešto na andervudu. Učtivo odbijam, kažem, ne mogu danas, biće vremena. Pat i ja strpljivo stojimo i čekamo da se razgovor između Ruždija i Ponjatovske završi. U nekom trenutku, Pat izgubi strpljenje. Baš tada, Ruždi ostaje sam kraj stola sa kafom, bira kolače, žvaće. Dozvolite mi da se predstavim, kažem. Prevodim *Don Kihota* na srpski – ne umem da se setim ničega pametnijeg da započnem razgovor. Ah, divno. Hvala na pozivu, kažem. Da. Znate, kod nas ste mnogo čitani. Da, baš zanimljivo. Kada će izići vaša nova knjiga? Voleli bismo da je čitamo u prevodu. Pa, na jesen. Javite se mom agentu, on će vam pomoći. Aha, uporno nastavljam dalje, ne znam odakle mi ta upornost, nedavno sam gledala vaš razgovor sa Terijem Gilijamom, oko njegovog neuspelog pokušaja da snimi *Čoveka koji je ubio Don Kihota*. Zbilja? Da, da, tužna je to priča, vlasnik prava na taj film sada je neko osiguravajuće društvo... Konačno, odustajem. Okrećem se, i pred sobom vidim nasmejano lice nekog Hispanca. Pored njega stoji Suzane. *Hola*, ja sam Hose Manuel Prijeto, kaže. Suzane dodaje: veoma dobar pisac, poslednji roman mu je odličan. Da, pričali su mi već o tebi – odvraćam. Izlazimo na terasu. Kažu, tvoj roman je u Rusiji bestseler, proglasili su te najboljim ruskim romansijerom koji piše na španskom. Smejemo se. Aha, odvraća on. Hoćeš li da ga prevedeš na srpski? Naravno. Razmenjujemo adrese.

Prilazi mi fotograf. Ti si iz Beograda? Baš uzbudljivo. Možda ću uspeti da ovog proleća i tamo svratim. Znaš, stalno sam izveštavao sa Kosova... Baš bih voleo da vidim i taj Beograd. Javi se ako dođeš u Beograd, prekidam ga, izvlačeći se. Sa druge strane stočića sa pepeljarom sedi mladolik Afrikanac. Kako ti je ime, pita, držeći knjižicu sa spiskom učesnika u ruci. Ja sam na onim naknadno dodatim listovima, kažem. Iz Beograda, ha? Ja sam iz Kenije. Da, pišem na engleskom. Sada mi je objavljen roman *The Face of A Lion*. Dopada mi se naslov, kažem. Njegovo ime mi izmiče. Kasnije uzalud pokušavam da nađem taj naslov u onoj knjižici. Kako se zove? Da li je stvarno iz Kenije, ili sam pogrešno zapamtila? Zaista mi se dopao naslov: *Lice lava*!

Polako se razilazimo. Odnekud ponovo iskrsne Pat, dogovaramo se da zajedno odemo da u dva sata popodne u Javnoj biblioteci Njujorka slušamo razgovor Pola Ostera i Čika Buarkea. Pola sata kasnije, srećemo se ispred lifta. Iza ugla se pojavljuje kolumbijska spisateljica Laura Restrepo, upoznaje se sa nama. Mogu li i ja sa vama taksijem? Naravno, kaže Pat. Pat je polumeksikanka, iz Teksasa. Piše knjige za decu, i poeziju. Španski slabo govori. Razgovaramo na engleskom. Da li često dolaziš ovamo? Pita Pat Lauru. Da, često. Držim predavanja, imam promocije. Da li te mnogo prevode? Pa, čini mi se, poprilično. A na koje sve jezike, osim na engleski, nastavlja Pat da zapitkuje. Pa, na mnoge. Jesam li u tvojoj zemlji prevođena? – uključuje me Laura u razgovor. Jesi, ima, čini mi se, dve knjige, odgovaram. Aha, sad se sećam, rekao mi je agent, odvraća Laura. Izlazimo iz taksija. Laura ne dozvoljava da učestvujemo u trošku. Dopao joj se razgovor u taksiju.

Ulazimo u biblioteku, Laura ostaje s nekim. Pat i ja se smeštamo na dobra mesta. A šta uopšte piše taj Pol Oster? Pita me Pat. Aha, a kakve romane? Dopadaju ti se? Da, kažem, dopadaju. Evo, jutros sam u knjižari kupila jedan. A ko je Čiko Buarke? Ne znam, odgovaram. U knjižici sam videla da je pisac iz Brazila.

Na podijum izlaze Pol Oster i Čiko Buarke, sedaju na stolice postavljene na sredini. Za njima se pojavljuje visok, mlad čovek, staje za pult sa mikrofonom. Dobar dan svima, ja sam Pol Holdengreber, direktor javnih programa u njujorškoj biblioteci. Stalno držim uključen mobilni, žena treba da mi se porodi svakog časa. Ali u stvari, ovih dana me stalno zivkaju iz brazilske ambasade. Kažu, gospodine Klinkengruberu, znate li vi ko je Čiko Buarke? Pa to je naš Bob Dilan, kažu. Čiko Buarke se nadovezuje, da, u Brazilu sam poznat kao kantautor koji je počeo da piše romane, a u Americi me znaju kao romanopisca koji je nekada bio kantautor. U vreme diktature sam pisao pesme sa tako komplikovanim aluzijama na političku situaciju da danas, kada ih slušam, ni sam ne razumem šta sam hteo da kažem.

Dobro, Brazil, nego šta je sa Bruklinom, pita neka žena iz publike. Najavili ste novi roman, gospodine Oster, kada će izići? Do kraja godine, odgovara Oster. Evo, baš ovih dana su mi dali da pregledam šifove. Ovo me je zaista zaprepastilo: znači, priprema knjige kod američkih izdavača traje tako dugo, da je od proleća do jeseni gledaju i ispravljaju... ili je u pitanju tempiranje vremena kada će knjiga biti puštena u prodaju? Ili oboje?

Izlazim posle razgovora, Pat ostaje. Šetam na suncu, kupujem kafu u Starbaksu, izlazim na ulicu i palim cigaretu, polazim u potragu za nekom klupom. Peta avenija je bezmalo pusta. Subota, četiri popodne. Ulični prodavci počinju da iznose robu na ćoškove. Stariji par dolazi mi iza leđa i mimoilazi me. Žena ljutito uzvikne: Pazite! Osvrćem se, vidim je kako čisti pantalone. Zastala je, muškarac produžava dalje. Upućujem joj jedno ljubazno: Izvinite. Seva očima, osvrće se za muškarcem, ponovo se okreće prema meni, otvara usta, ali ne izgovara ništa. Nema ni potrebe, jasno mi je. Odjednom mi dođe smešno. Počnem da primećujem gde-kojeg konobara ili portira kako sam, zavučen u ćošak, ili pocupkujući pred vratima hotela ili restorana, uvlači u sebe dim za dimom, u žurbi da se što pre vrati na posao.

Još jednom se vraćam u hotel. Hej, Stejsi, u paketiću nemam kartu za večerašnji omaž *Don Kihotu*. Ne brini ništa, dobićeš u biblioteci. Samo otidi ranije. Recimo, oko šest. Ali to počinje tek u pola osam? Ipak pokušaj da odeš ranije, biće velika gužva, sve karte su rasprodate. Vraćam se u biblioteku u šest. Pred ulazom već stoji desetak ljudi. Ovo je red za one koji imaju ulaznice, kažu mi. Stajem poslednja i čekam. Prelistavam Osterovu knjigu, ponese me naslov, *Knjiga iluzija*. Dopada mi se moto, iz Šatobrijana: *Čovek nema jedan te isti život. Ima mnogo života, postavljenih kraj uz kraj, i to je uzrok njegovog jada.* Dopada mi se i prva rečenica: *Svi su mislili da je mrtav.* Znači, nije mrtav, kratko i jasno. A i glavni junak je prevodilac, prevodi Šatobrijanove *Uspomene mrtvog čoveka*. Kada sam ponovo podigla pogled, red je već bio zamakao za ugao zgrade, gubeći se iz vida. Stotine ljudi. Niz stepenice gledam kako dole na pločniku Oster izlazi iz automobila i pali cigaretu. Tanku, finu, umotanu u list duvana ili u smeđi papir takve boje. Nisam sigurna, sa ove udaljenosti. Ispred mene, dve spisateljice koje sam srela u PEN-ovoj kancelariji. Iza mene neki Hispanoamerikanci. Svi strpljivo čekaju. Setim se reda ispred američke ambasade. I ovde, kao i tamo, ulaznicu treba platiti deset dolara.

Konačno, ulazimo. Dok sam stajala u redu, učinilo mi se da prepoznajem, prema fotografiji iz knjižice, neko lice.

Nisam sigurna, možda je to Holanđanka koja je prevela *Don Kihota*. Razgovara sa ženama ispred mene o nečemu što ne uspevam da razaberem, pa odustajem. Ulazim, biram peti red, i odjednom naspram sebe ugledam onu istu ženu iz reda. Barber van de Pol? Pitam. Da, kaže ona zbunjeno, odakle znate? Po fotografiji iz knjižice, pokazujem joj. Nekako joj je, vidi se, laknulo. Ćaskamo. Eno, ono tamo je Ruždijeva žena, u prvom redu, kaže mi Barber. U tom trenutku, tik pored Ruždijeve žene, ugledam poznato lice. Uverena sam da je neko koga znam. I znam da taj ranije nije imao bradu, ali kako mi se čini, u godini *Don Kihota* mnogi puštaju brade. Pokušavam da se setim, ne uspevam. Ulazi Pol Oster, bez cigarete, naravno, i Klaudio Magris, pa Antonio Munjos Molina, Margaret Etvud. Iz zvučnika se čuje Žak Brel, i on peva nešto o Don Kihotu.

Direktor programa, kome se žena očigledno još nije porodila, najavljuje učesnike. Kaže, specijalno za ovu priliku, danas je iz Madrida doputovao, i sutra se vraća nazad, Havijer Kamara, španski pozorišni glumac koji se proslavio u Almodovarovom filmu *Pričaj sa njom*. Aaa, odjednom mi sine: to je onaj što sam mislila da ga poznajem. Zaljubljeni bolničar iz filma. Čitao je odlomke iz *Don Kihota*, na španskom, da bi potom, iz najnovijeg prevoda Edit Grosman na engleski, te iste odlomke čitala neka mlada njujorška glumica. Dva jezika su se konačno ukrstila. Ne zadugo.

Za govornicu se penje Salman Ruždi. Pozdravlja, dugo, sve koji su pomogli. Kaže, zapala mu je uloga da govori kao da je dobio Oskara. Govori i o istočnjačkoj tradiciji u *Don Kihotu*. Izgovara naslov na španskom. Podseća kako je 1605. bila izvanredna godina za lude starce: tada se pojavio i *Don Kihote*, i *Kralj Lir*. Za sve je, međutim, kriva Indija, kaže: Servantes je upotrebio mavarskog pripovedača, veoma zanimljiv lik kroz koji je Servantes odao poštu arapskom poreklu čudesnih priča smeštenih u okvir neke druge priče, kako je i gradio prvi deo *Don Kihota*. U

drugom delu *Don Kihota*, međutim, Sid Hamid je prisut-
niji, ali se menja, postaje veoma nepouzdan pripovedač,
stalno pogrešno shvata stvari: pogrešno shvata stvari u ve-
zi s pričom, pogrešno shvata stvari u vezi s Don Kihotom,
i tako Servantes u stvari kaže, ja sam taj koji je napisao ovu
priču. Međutim, dodaje Ruždi, moramo se setiti da to ni-
su smislili Arapi, nego im je ta ideja došla iz Indije. Arapi
su imali algebru, i to neka im bude dovoljno, veli. Ali ču-
desna priča, ona je iz Indije došla u arapsku kulturu, iz
arapske kulture u Španiju, iz Španije, u *Don Kihota*, iz *Don
Kihota* u Latinsku Ameriku, iz Latinske Amerike do Gar-
sije Markesa, i u stvari, sve je Indija. A *Don Kihote* je ro-
man koji stoji između istoka i zapada, roman koji sjedinja-
va celu istoriju književnosti na svetu.

Za govornicu zatim izlaze Pol Oster, Antonio Munjos
Molina, pa onda Asja Džabar, iz Alžira, Laura Restrepo,
Klaudio Magris. U trenutku shvatam da ima nečega ne-
običnog u svemu tome: svi oni govore, ili tačnije, čitaju
tekstove na engleskom. Nema slušalica, nema kabina, ne-
ma ni simultanog, niti bilo kakvog drugog prevođenja.
Sve mi se to čini, pa, drugačije nego što sam navikla. Se-
ćam se rečenice iz PEN-ovog poziva: Festival međuna-
rodne književnosti, kako su ga nazvali, organizuju „u uve-
renju da je to jedan od najboljih mogućih odgovora na
američku kulturnu izolaciju“. Tako su se dobro izolovali,
da je lako bilo pronaći hiljadu razloga zašto na velikom
događaju sa pet stotina posetilaca pisci iz celog sveta tre-
ba da govore na engleskom.

Nedelja, 17. april

Sutradan, u kancelariji PEN-a ista slika, već je mnogo
ljudi, piju kafe, grickaju voće i kolače, puše na terasi. Dvo-
je Francuza razgovaraju sa Stejsi. Shvatam ko su: *Bonjour*,
kažem muškarcu, veoma volim vašu biografiju Servante-

sa, a baš sam pre neki dan čitala i vaš članak u *Magazine Littéraire*, iz 1997. godine, pa nastavljam, okrećući se ženi, iz vremena kada je izišao vaš prevod *Don Kihota*, koji je izazvao oduševljenje... Alin Šulman samo klima glavom. Aha, kaže Žan Kanavađo, taj tekst sam reciklirao u sledećoj knjizi o Servantesu. Prelazimo na španski. Da li spremate nešto novo? Evo, do kraja godine treba da mi se pojavi nova knjiga, za nju skupljam podatke o svim prevodima, svakako bih voleo da znam kada i vaš iziđe... U razgovor se uključuje i Holanđanka: ja sam Barber van de Pol, a ko ste vi? Ja sam Žan Kanavađo. Aha, a na koji jezik vi prevodite? Pa ja sam, evo, preveo na francuski... A zar nije Alin Šulman... Ma jeste, moj prevod je kasnije izišao u Plejadi, a i preveo sam samo prvu knjigu, i neke delove druge... ostalo su radila druga dva prevodioca. Evo vidite – vadi iz torbe Plejadino izdanje i pokazuje joj. Aaa, kaže Holanđanka, pa vi ste sve to i priredili... Kanavađo se smeška. Alin Šulman drži distancu. Ja sam ovde već nekoliko dana, kaže ona, neću ići sa vama u razgledanje grada, uostalom, već poznajem Njujork... Mi ostali sležemo ramenima. A na kojem ćemo jeziku govoriti u Institutu Servantes, pita neko. Barber objašnjava kako je tekst napisala na engleskom. Uostalom, njen govorni španski je slabiji od engleskog... Sa druge strane stvara se front: ali zaboga, pa govorimo o Servantesu, u Institutu Servantes, uostalom, rekli su da se PEN bori protiv kulturne samoizolacije, ne treba toj izolaciji ići naruku... biće valjda i simultanog prevoda. Barber oseća potrebu da se pravda, a mi se osećamo prinuđeni da je tešimo, da povratimo u ravnotežu ono što je nenadano prenegло na stranu španskog. Neprijatno nam je što je španski u takvoj većini. Međutim, Edit Grosman nema. Ona je svoj prevod objavila 2004. godine. Živi u Njujorku, a u PEN-ovu kancelariju ne zalazi. Tamo, uostalom, dolaze samo gosti iz inostranstva i organizatori.

Kada pođemo u razgledanje grada, u minibusu koji nas vozi iz hotela zatičem Nuriju Amat, spisateljicu iz Barselone, jednog iračkog pisca koji živi u Nemačkoj, jednog alžirskog pisca, i nekog visokog čoveka, Crnca, sa sedom kosom koja se podigla uvis kao punđa. Nastavljamo započete razgovore, niko se ni sa kim ne upoznaje. Posle nekoliko minuta, izlazimo iz minibusa, ispred neke crkve. Tu nas dočekuje mlada Indijka, iz PEN-a, i još mlađi Amerikanac, vodič, nalik momcima iz filma *Američka pita*. Čekamo da nam se pridruže oni iz drugog minibusa. Gde je onaj stariji džentlmen sa visokom kosom, pita neko. Rekao je da će prošetati sam, odgovara Indijka. U dosadi, prelistavam knjižicu sa biografijama i fotografijama učesnika. Na jednoj stranici iskrsava lice džentlmena sa visokom kosom: Vole Šojinka, nigerijski nobelovac.

Polazimo u obilazak, pešice. Vol strit, Siti hol, Svetski trgovinski centar. Vodič se izvinjava: ja sam, nažalost, studirao istoriju, književnost ne poznajem baš dobro. Pokazuje nam zgradu Berze, kaže, tu je još Veliki Getsbi zarađivao pare. Pokazuje nam rupe od gelera na fasadi neke zgrade u Vol stritu, ostale su od prvog terorističkog napada u Njujorku, u vreme velikog kraha berze. Svetski trgovinski centar nije prvi teroristički napad na Njujork, kaže. I dodaje, kada je Natanijel Hotorn pisao *Poslednjeg Mohikanca*... Mislite, Fenimor Kuper, ubacuje Indijka. Vodič pocrveni, da, da, evo, spremio sam i citat, samo... Dovodi nas do uličice koja me podseća na Skadarliju: puna kafanica, sa kaldrmom, iz 19. veka. Na ovom ovde uglu je u sedamnaestom veku stajala vetrenjača koju su sagradili Holanđani. Uvodi nas u kafanu po imenu Uliks. Po onom Džojsovom, a ne Homerovom.

Žurimo u Institut Servantes. Tamo nas dočekuje Antonio Munjos Molina, sada direktor njujorškog Instituta Servantes. Jedan od malobrojnih španskih pisaca koji su još u svojim četrdesetim godinama postali članovi Kraljevske akademije. Jedino je Sela bio mlađi kada su ga izabrali.

Ipak, nije Akademija mesto za mlade ljude. Kada sam ga ugledala, zaprepastila sam se kako sada izgleda. Njegovo je lice na fotografijama uvek bilo punačko, okruglasto, sa gustim, uredno podšišanim brkovima. Sada je sasušeno, dugačka brada mu popunjava usahle obraze. Pomalo liči na Don Kihota. Ranije je bio više kao Sančo. Tu je i Edit Grosman, konačno upoznajemo američku koleginicu. Pridružuje nam se u raspravi oko toga na kojem ćemo jeziku govoriti tog popodneva. U defanzivi je: pa eto, nisam savršeno sigurna u svoj španski kada ga govorim. Osim toga, nemam napisan tekst, govoriću onako, iz glave, a to ne bih mogla na španskom. Kanavađo na to uzvraća kako ni on nema spremljen tekst, pa na engleskom nikako ne bi mogao da govori. Alin Šulman dodaje, nema ni ona nikakav tekst, samo neke beleške... Pa, ni ja nisam svoj dovršila... sa snebivanjem će Suzane. Holanđanka i ja mudro ćutimo, ostale smo u manjini, nezgodno nam da se izvinjavamo što smo štreberski spremile tekstove, a opet...

Biće odlično, sve ćemo da snimimo i da postavimo na naš sajt, ceo razgovor će moći da se vidi na Internetu, hrabri nas Munjos Molina. Upoznajem Jadranku Vrsalović, devojku koja mi je poslala prvu poruku iz Instituta Servantes. Utrapim joj foto-aparat, „idiota" koji sam kupila nekoliko godina ranije, u jeku potrage za Hustom Alehom. Običan aparat. Bilo me je sramota da ga vadim, kad svi unaokolo škljocaju digitalnim aparatićima koji mogu da stanu u džep na košulji. Ipak, dajem joj ga da nas snimi dok govorimo. Nosim i diktafon, da mi ništa ne bi promaklo.

Razgovor prevodilaca

U najavi koju je pripremio PEN, organizatori su razgovor prevodilaca zamislili ovako: „Borhesov Pjer Menar nije mogao da bude sa nama, ali ovo okupljanje uključuje prevodioce na engleski, holandski, nemački, srpski, i dru-

ge jezike, koji svi dele Menarovo iskustvo u transformisa-
nju i rekreiranju Servantesovog remek-dela za drugo me-
sto i vreme. Ovi virtuozni književni izvođači razgovaraće
o svojoj umetnosti, i o specifičnim pitanjima prenošenja
Don Kihota u svoje posebne kontekste."
Razgovor koji je usledio ipak je najjasnije pokazao gde
leže razlike, a gde bliskosti.

Barber priča o tome kako Don Kihote ponovo osvaja
Holandiju: prvi holandski prevod objavljen je tek krajem
devetnaestog veka. Drugi, negde u vreme Drugog svet-
skog rata. Njen prevod je treći. Prevođenje *Don Kihota* je
za nju bio pakao koji ju je zauvek odvojio od prevodila-
štva, kaže, ali ju je naveo da se ozbiljnije posveti pisanju.
Govori o greškama u tekstu i pita se šta sa njima treba ra-
diti. Alin Šulman na to citira Žana Polana, koji je, navod-
no, govorio da su najbolji prevodioci oni najgluplji: oni
koji ne pokušavaju da razumeju. Dakle, zaključuje, preve-
demo ono što je napisano, i gotovo. Ne postavlja se pita-
nje da li je nešto greška, ili nije greška, kaže, nego ima da
se prevede tako kako jeste. Problem je samo opredeliti se
kako jeste, dodajem ja. Ha, nemački prevodilac iz XVIII
veka, prvi koji je preveo ceo roman na nemački, uključuje
se Suzane, bio je kategoričan u svom stavu da svaku oma-
šku treba ispraviti: ako je Sančo izgubio magarca, kao što
se kaže da jeste, onda posle toga do kraja romana ima da
ide peške. I tako je i uradio u svom prevodu.

Edit Grosman prevodi na jezik čija tradicija prevođe-
nja *Don Kihota* seže u sedamnaesti vek, jezik na kojem se
pojavio prvi prevod *Don Kihota* na svetu, Šeltonov, još
1612. godine. Kaže, njoj se Servantesovi stihovi uopšte ne
sviđaju, a kada prevodiš nešto što ti se ne sviđa, to udvo-
stručuje i utrostručuje teškoće prilikom prevođenja. Zato,
kaže, nije ni pokušala da se pozabavi rimovanjem, osim u
veoma jednostavnim pesmama, gde se lako mogu izvesti
sing-song rime, rime iz dečije pesmice. U ozbiljnim rima-
ma, kaže, trudila se najviše što može da sačuva naglašena

mesta, ali nije pokušavala da rimuje. Nikada, kaže, nije radila nešto tako teško kao što su sve pesme iz *Don Kihota*, kao da je izgubila deset godina života prevodeći ih. Prevodi na francuski nisu ništa manje brojni od onih na engleski. Alin Šulman govori o čak osamdeset verzija. Njen prevod pojavio se 1997, Kanavađov 2001. godine. Setim se reči Karlosa Pjere, mog mentora: ah, kod Francuza prevođenje dolazi iz najličnijih pobuda, svaki čas se dešava da neko ponovo prevede knjigu, želja da pokaže kako ju je on pročitao je sasvim dovoljan razlog. Alin Šulman kaže da njoj nije bilo dovoljno da čita tekst. Bilo joj je potrebno da vidi kako su drugi ljudi videli *Don Kihota*, da vidi *Don Kihota* kojeg je snimio Orson Vels, i taj film ju je naveo da shvati na koji način mora da govori Sančo, Orsonu Velsu duguje mnogo, kao filmu, kao slici, kao viziji *Don Kihota*. Ne može se prevoditi naslepo, nego moramo da vizualizujemo ono što prevodimo. Edit odvraća, ona nije tako vizuelna kao Alin, nije gledala filmove, ali zato njeno uho ne oprašta, i otkriva sve što ne sme, i sve što mora da bude u tekstu. Kada je radila na *Don Kihotu*, kaže, to ponekada nije bilo samo svesno saučesništvo, nego je morala da se uključi i intuicija, njen prevodilački odgovor jeste takođe intuitivan. Kao prevodioci, mi smo saučesnici likova, saučesnici jezika koji prevodimo. Dodaje, oslanjala se na godine studija, kada su joj profesori bili stručnjaci za španski Zlatni vek, uključujući Hosea Montesinosa, Otisa Grina i Hoakina Kasalduera. Ogromna imena hispanistike.

A onda Žan Kanavađo ubacuje da ne veruje kako nam poznavanje Servantesovog života može pomoći da pronađemo najadekvatnije termine u prevodu, iako može da pomogne u kontekstualizaciji dela. Pa navodi primer *Novele o sužnju*. I kaže, jeste, ona je u mnogome autobiografska. Suzane Lange na to ispriča priču o nemačkom prevodiocu koji je nedavno, kada su ga pitali da li su njegovi prevodi autobiografski, odgovorio, da, savršeno ste u pravu: tokom života sam izgradio rečnik koji je samo moj, i tačno je, moji prevodi uistinu jesu autobiografski.

I prevođenje je, kao i sve drugo u životu, puno protivrečnosti: Žan Kanavađo, koji je ceo život posvetio Servantesovoj biografiji, tvrdi da biografija nije važna za prevođenje, Edit Grosman, kojoj se Servantesova poezija uopšte nije dopala, upravo u Servantesu je našla podstrek da se, pošto se godinama bavila prevođenjem savremene književnosti, sada posveti poeziji šesnaestog veka. Alin Šulman naizgled veruje u to da prevodilac treba da bude glup i da ne razmišlja, ali da ne sme prevoditi naslepo, Barber van de Pol je posle *Don Kihota* prestala da prevodi, ali je utoliko strasnije počela da piše...

Hajde da popijemo nešto, kaže Barber na kraju.

Ponedeljak, 18. april

Moje poslednje jutro u Njujorku. Polazim sa Suzane u šetnju. Ona ostaje u Njujorku cele nedelje, do kraja Festivala. Još jednom ulazimo u knjižaru Barnz end Nobl. Nemam mnogo strpljenja da razgledam knjige, umor me je sasvim savladao. Razgovaramo o Lauri Restrepo. Nijedna od nas nije čitala njene knjige. U nedoumici smo. Obraća nam se neki Hispanoamerikanac: Izvinite, čuo sam šta pričate. Izvanredna žena, oduševljen sam njenim romanima. Sve sam ih pročitao. Evo, ovaj mi se najviše dopao... Izlazimo na ulicu, ipak bez knjiga. Mnogo su skuplje u Njujorku, nego u Španiji. Ja sam, za utehu, kupila kutiju erl-greja, da barem kod kuće popijem čaj iz knjižare. Idemo Petom avenijom. Gužva je nesnosna, sudaramo se sa ljudima. Tražimo manje prometnu ulicu, što se pokazuje kao uzaludan pokušaj. Svraćamo u Starbaks, ja bih kafu. Tražimo klupu da sednemo... Odjednom, shvatam da se na svakom malo širem prostoru okupljaju stotine ljudi. Stoje, sa papirnim čašama punim kafe, i puše. Oko njih, tepisi pikavaca. Shvatam: radni je dan, svi ti ljudi izišli su iz oblakodera od po pedeset spratova, na sunčanu ulicu, da popuše cigaretu. Baš kao i oni portiri subotom i nedeljom.

„Ah, prevodilac", kaže mi vozač dok me vraća na aerodrom. Ceo sat vozili smo se kroz Kvins: još jedno razgledanje Njujorka, isprekidano komentarima vozača koji se priseća svega što je iz geografije i istorije učio o Jugoslaviji. „Ja sam, znate, Francuz; otac mi je Ukrajinac, majka Poljakinja; došao sam ovde kada sam već završio škole, u Parizu; hteo sam da budem prevodilac, nije da nemam dovoljno obrazovanja za to, nemojte misliti; međutim, osim ako se čovek ne uglavi nekako u Ujedinjene Nacije, posla za prevodioce ovde nema; zato radim kao vozač limuzine: stranci uvek vole kad se desi da čovek zna još neki jezik osim engleskog..."

Vole i Amerikanci, kažem. Budite ubeđeni u to.

Čovek koji piše i bavi se poslovima

Početkom maja

Od Madrida, gde je Servantes živeo do sredine 1604. godine, do Valjadolida, grada u koji je u to vreme premešten dvor, za kojim su pošli svi koji su imali bilo kakvog posla sa dvorskim službama, ima 33 milje. U Servantesovo vreme, taj put se mogao prevaliti za četiri ili pet dana. Astrana Marin pretpostavlja da se Servantes našao u Valjadolidu već u prvoj polovini meseca jula. Naći stan u novoj prestonici, koja je do tada bila mali grad, nije bilo lako u trenutku kada su se u njega slivali ljudi iz cele Španije. S novcem, i nije bilo tako teško, ali, kako kaže Kevedo, u svakom je narodu jedini stranac onaj koji nema novca. A Servantes nije imao mnogo novca u to vreme. Znamo da je prodao privilegiju za *Don Kihota* svom izdavaču Fransisku de Roblesu. Da taj novac nije bio veliki, i to je, kao što smo videli, vrlo verovatna pretpostavka. U svakom slučaju, Servantes je saznao da se gradi izvestan broj novih kuća sa stanovima za izdavanje. Iznajmio je stan na prvom spratu u jednoj od novosagrađenih kuća u blizini gradske pijace. U pronalaženju stana zatim je pomogao donja Luisi de Montoji, udovici letopisca Estebana de Garibaja, koja će živeti u drugom stanu na istom spratu sa svojom dvojicom sinova, kao i Huani Gajtan, udovici pisca Dijega de Ondara, koja će iznajmiti stan na spratu iznad Servantesovog.

S njim žive Katalina de Salasar, njegova supruga, njegove sestre Andrea i Magdalena, njegova sestričina Konstansa, Andreina vanbračna ćerka, kao i Izabela, Servantesova vanbračna ćerka iz veze sa Anom Viljafranka. Starija sestra, Andrea, tada je imala šezdeset godina. Od svoje dvadesete godine dobijala je poklone u nakitu i haljinama od svojih bogatih prijatelja. Ćerku je dobila s dvorskim službenikom Nikolasom de Ovandom, za koga se nije udavala. Magdalena, Servantesova mlađa sestra, imala je pedeset i dve godine. I ona je od mladosti dobijala slične poklone, nakit i haljine. Godine 1581. htela je da izvede pred sud čoveka koji joj je obećao brak, kako bi ga naterala da ispuni obećanje, ali je na kraju primila samo naknadu od tri stotine dukata. Konstansa, Andreina ćerka, tada je imala trideset i osam godina, godine 1595. primila je hiljadu četiristo dukata na ime obeštećenja zbog neispunjenog bračnog obećanja od jednog visokog plemića.

U to vreme Servantesova ćerka Izabela imala je dvadeset godina, a Servantesova supruga Katalina de Salasar, trideset i devet. O njoj nema, kako to veli Maritn de Riker, „nikakvih infamatornih podataka, i sve ukazuje na to da je bila trpeljiva supruga, uprkos tome što su se kasnije širili glasovi koji su Servantesa predstavljali kao popustljivog muža".

Mnogo se pisalo o smrti plemića Gaspara de Espelete pred Servantesovom kućom, i o potonjoj istrazi koja je Servantesa i celu njegovu porodicu dovela u neprilike. Ceo događaj odigrao se u Valjadolidu, od 27. juna do prvog jula 1605. godine, šest meseci posle izlaska *Don Kihota* iz štampe. Dana 28. juna neki prestonički letopisac zabeležio je kako su ga „pozvali na ulicu da vidi nekog Don Kihota odevenog u zeleno, jako mršavog i visokog rasta".

Godine 1604. Servantes je dovršavao pisanje *Don Kihota*, i mada je dvadeset godina ranije objavio *Galateju*, mada sa brojnim poznanstvima u književnom svetu, nije bio ni slavan, niti ubrajan među velika imena poput, na primer, Lope de Vege, Gongore, i mnoštva drugih pisaca. Njegova dramska dela nisu imala uspeha, kao ni poezija. Tako malo poznat i slabo cenjen, među svojim prijateljima i poznanicima od velikog književnog ugleda nije nalazio nikoga ko bi se udostojio da napiše pohvalu njegovom *Don Kihotu*, knjizi koja je bila tako neobična i jedinstvena, da kod onih koji su je videli nije nailazila na odobravanje: to nije bila ni poezija, ni junački spev, ni pastoralni niti pikarski roman, što su bili žanrovi koji su tada bili na ceni. Kako svrstati knjigu koja se poigrava tada već prezrenim žanrom viteške književnosti i bavi se pustolovinama čoveka poludelog od čitanja?

Vest da Servantes ne može da nađe nikoga ko će mu napisati pohvalne pesme za novi roman doprla je i do Lope de Vege, koji je tada živeo u Toledu. On u jednom pismu upućenom nekom lekaru 14. juna 1604. godine piše: „O pesnicima, da i ne govorim: dobro je ovo vreme. Mnogi se pomaljaju za sledeću godinu, ali nijedan nije tako loš kao Servantes, niti toliko glup da bi hvalio Don Kihota." Sa stanovišta Lope de Vege, napisane u privatnom pismu, ove reči nisu tako uvredljive kao što nam se u prvi mah može činiti. Međutim, ovo Lopeovo pismo brzo se raširilo u književnim krugovima, i doprlo i do Servantesa.

Servantes je odgovorio u Prologu za svoj roman u kojem se nalazi mnoštvo aluzija na račun Lope de Vege. Prvo izdanje *Don Kihota* veoma je brzo postiglo veliki uspeh, u Španiji i u Americi. Sredinom 1605. godine već je bilo objavljeno i drugo legitimno izdanje ove knjige u Madridu, kao i dva piratska, u Lisabonu i Valensiji.

U to vreme kružio je uvredljiv sonet na račun Lope de Vege, koji je verovatno napisao Gongora, ali su ga mnogi, među njima i sam Lope, pripisali Servantesu. Na njega je Lope odgovorio svojim sonetom na račun Servantesa, gde ga naziva rogonjom i sakatim. Taj sonet Lope je posalo Servantesu u Valjadolid, i o tome Servantes govori u svom *Prilogu uz Parnas*.

Juna 1605. godine, u Valjadolidu su se održavale svečanosti povodom rođenja prestolonaslednika, budućeg kralja Filipa IV. Dana 10. juna održana je borba s bikovima, i, kako je zabeležio letopisac Pinjeiro da Veiga, kada su kralj i kraljica zauzeli svoja mesta u gledalištu, „da ne bi izostala i međuigra, pojavio se neki Don Kihote, koji je išao na prvom mestu kao pustolov, sam i bez pratnje, s velikim šeširom na glavi i ogrtačem od sukna i s rukavima od istoga, u pantalonama od velura i dobrim čizmama s mamuzama sa šiljcima od jedića, mamuzajući po bokovima nekog sirotog čilaša s ubojem na slabini... a Sančo Pansa, njegov štitonoša, napred." Kako smo videli, ovo nikako nije jedini slučaj da se lik Don Kihota koristi u javnim svečanostima. Pola godine posle objavljivanja, Servantesov roman i njegov junak poznati su svima, barem u prestonici. Da li je i Servantesovo ime jednako poznato? To već nije tako izvesna stvar.

U toj istoj borbi s bikovima 10. juna učestvovao je i Gaspar de Espeleta, vojnik i pustolov, čuven po svojim ljubavnim vezama i veselom životu. Tom prilikom je pao s konja, i Gongora je opevao njegov pad u nekoj šaljivoj pesmici. Dve nedelje kasnije, 27. juna u jedanaest uveče, Gaspar de Espeleta je pao smrtno ranjen pred vratima ku-

će u kojoj je stanovao Servantes sa svojom porodicom, vi-
čući: „Ah, lopuža, ubiše me! Ima li koga da pomogne ra-
njenom plemiću?" Pošto je večerao kod prijatelja, Espele-
ta je pošao nekuda i poslao kući svoje sluge. Kako će se
kasnije saznati, tokom istrage povodom napada na njega,
Gaspar de Espeleta bio je ljubavnik žene nekog kraljev-
skog pisara po imenu Melćor Galvan. Na Espeletine povi-
ke, sišli su da mu pomognu dva sina i udovica letopisca
Estebana de Garibaja, Servantesovi susedi koji su stanova-
li na istom spratu. Pozvali su Servantesa da im pomogne
da ga unesu u kuću. Od tada, pa sve dok nije umro, dva
dana kasnije, o Espeleti se danonoćno brinula Servanteso-
va sestra Magdalena. Odmah je pozvan dvorski istražni
sudija, po imenu Viljaroel. Espeleta nikako nije želeo da
kaže ko ga je napao i zašto. Sudija Viljaroel sklonio je pi-
smo i prstenje koje je našao kod Espelete, a koji su za lju-
bavnu vezu sa Espeletom optuživali supruga pisara Galva-
na. Espeleta je umro 29. juna ujutro. Pre smrti sastavio je
testament, i ostavio Servantesovoj sestri Magdaleni svile-
nu haljinu na poklon. Istoga dana, sudija Viljaroel uhap-
sio je nekoliko stanara zgrade u kojoj je Espeleta umro,
među njima i Servantesa, njegovu sestru Andreu, sestriči-
nu Konstansu i ćerku Izabel. Magdalena nije bila hapšena,
a Katalina, Servantesova supruga, po svoj prilici se nije ni
nalazila u Valjadolidu tih dana.

Sve ove podatke, kao i one koje ću navesti u nastavku,
Servantesovi biografi su predstavljali nepotpuno, najčešće
u želji da Servantesa prikažu u što boljem svetlu, ali baš ti-
me ostavljajući čitaoca u nedoumici. Sve do Luisa Astra-
ne Marina. Zahvaljujući njegovoj knjizi *Junački i uzoriti
život Migela de Servantesa* možemo pročitati najvažnije de-
love izjava svih svedoka u istrazi, i sami donositi svoje za-
ključke. Astrana Marin pokazuje ko su bili istinski učesni-
ci događaja, ko svedoci, i ko sudija. Sudija, za početak.
Postavljen na to mesto godinu i po dana ranije, januara
1604, istražni sudija Kristobal de Viljaroel nasledio je na

tome mestu sudiju koji je u Sevilji sudio Servantesu kada je bio zatvoren zbog dugova državnoj blagajni. To je sudija koji je došao da vidi Espeletu na samrti i započeo istragu još iste večeri, u ponedeljak, 27. juna 1605. godine. Na pitanje ko ga je ranio, Espeleta je odgovorio da „nije poznao tog čoveka, niti zna ko je", i da „ne zna ništa drugo, niti ima šta drugo da izjavi". Kod Espelete su u džepovima, pored ostalog, pronađena dva mala zlatna prstena, kao i parče hartije „presavijeno u pisamce, celo ispisano·s jedne strane, koje je, a da ga niko nije pročitao, uzeo gospodin sudija kod sebe", zabeležio je pisar. To pisamce zatim je nestalo, i nije ostalo zabeleženo šta je u njemu pisalo. Prstenje je, međutim, kasnije pomoglo da se otkrije ljubavna veza Espelete sa ženom kraljevskog pisara Galvana. „Zatim su ostavljeni na čuvanje kod Migela de Servantesa, koji živi u kući u kojoj se nalazi pomenuti Gaspar, pantalone i košulja od atlasa s rukavima od tafta, i ogrtač od atlasa s resama, sve nošeno, i pomenuti Migel de Servantes je to primio." Prvi je svoje svedočenje dao Servantes, „godina više od pedeset", i rekao „da poznaje iz viđenja nekog viteza iz reda Svetog Jakova, za koga kažu da se zove Gaspar, i da to ime te noći nije čuo; i dok je svedok ležao u krevetu večeras oko jedanaest, čuo je buku i snažnu viku sa ulice, jer ga je zvao don Luis de Garibaj, i ovaj svedok je ustao, i pomenuti don Luis je ovom svedoku rekao da mu pomogne da popne nekog čoveka, koga je ovaj svedok video i tako izjavio, koji je bio ranjen, pa je onda došao brica, a brzo potom i drugi, pa su mu previli rane i pitali ga ko ga je ranio, a onaj nije hteo ništa da odgovori; i to je istina, na šta se zaklinjem i potpisujem. Migel de Servantes."

Espeleta je poživeo još jedan dan, i umro 29. juna u šest sati ujutru. Tada se straža vratila u kuću i uhapsila neke stanare. U međuvremenu, sudija se obavestio da „u novim kućama koje se nalaze preko puta Pijace u ovom gradu, a naročito u kući u koju je ranjen unesen don Gaspar de Espeleta, žive neke žene koje u svoje kuće primaju posete gospode i drugih osoba i danju i noću, i gde je odlazio i pomenuti don Gaspar de Espeleta, o čemu je po susedstvu bilo mnogo priče i sablazni" te je odlučio da „proveri da li je to bilo zbog neke od žena koje u toj kući žive, i da proveri u kakvoj slobodi žive žene koje se u njoj nalaze i koje u ovoj prestonici nemaju nikakvog posla, i da li je zbog njih ranjen pomenuti don Gaspar".

Cela kuća, odista, bila je puna žena: većinom, videli smo, udovice pisaca sa svojom decom. Servantes je jedini stariji muškarac koji živi u zgradi. U izjavama datim tokom istrage koja je odmah pokrenuta, momak koji je sa Servantesom uneo Espeletu u stan svoje majke kaže „ da u stanu pored donja Luise, njegove majke, žive Migel de Servantes i njegova žena i sestre i ćerka Migela de Servantesa, i jedna njegova sestričina; a u stanovima na spratu, u onome iznad Servantesovog, živi donja Marijana Ramires i njena majka i neke devojčice; i u njenu kuću dolazi don Dijego de Miranda, s kojim se ona viđa i nalazi se u vezi, i bio je u zatvoru s njom, i opet dolazi i odlazi; a u stanu iznad stana majke ovog svedoka živi donja Huana Gajtan i donja Luisa de Argomedo i donja Marija de Argomedo, i ovaj svedok je video nekoliko puta kako u taj stan dolazi pomenuti don Gaspar de Espeleta, po danu, u posetu."

Dajući svoju izjavu o celom slučaju, Servantesova sestra Andrea, na pitanje koji su ljudi dolazili njihovoj kući u posetu, kaže kako „neki ljudi dolaze u posetu njenom pomenutom bratu, pošto je to čovek koji piše i bavi se poslovima i zbog svoje valjane veštine ima prijatelje". Eto kako je Migela de Servantesa opisala njegova sestra: čovek koji piše i bavi se poslovima i zbog svoje valjane veštine ima prijatelje.

Dana 30. juna, deset osoba iz kuće odvedeno je u zatvor, zajedno sa Servantesom, njegovom sestrom Andreom, sestričinom i ćerkom. Jedna susetka, sklona ogovaranju, podstaknuta od strane sudije, govori o muškarcima

koji dolaze u posetu u svaki od stanova, optužuje bezma-
lo svaku od žena iz zgrade za nepristojno ponašanje. Bilo
je to vreme kada su uvedeni strogi običaji na dvoru, i ka-
da je kažnjavano „raspusno ponašanje", tako da je tokom
istrage proveravano i kakvi su moralni običaji stanara, i to
ne samo u vezi sa ubistvom Espelete. Sudija Viljaroel je
želeo da prikrije Espeletinu vezu sa suprugom drugog vi-
sokog sudskog činovnika. Dvoboji su bili zabranjeni,
Espeleta je ubijen, ali razlog za ubistvo je bila preljuba:
dovoljno da pruži mogućnost da se stvar ipak zataška. Ta-
ko je i bilo. Na kraju niko nije optužen za ubistvo Espele-
te. Deset osoba provelo je dan i po u zatvoru. Prvog jula
su svi, zajedno sa Servantesom i njegovom porodicom,
oslobođeni iz zatvora, ali ostavljeni u kućnom pritvoru,
koji im je ukinut tek 18. jula.

Da li je sudija Viljaroel znao ko je Servantes? Da li je
njegovo zatvaranje bilo izraz sitne ljudske pakosti, i veli-
kog činovničkog prezira, ili običnog neznanja? Šta su mu
značile reči Servantesove sestre da je njen brat „čovek ko-
ji piše"? Verovatno je ipak dobro znao ko su ljudi koji sta-
nuju u toj zgradi. Šta je zaista na početku XVII veka u
španskoj prestonici značilo biti pisac?

Četvrtak, 5. maj

Odjednom, u šestoj glavi *Maštoglavog viteza*, na 673.
stranici prevoda, otkrivam da mi je „predosećaj" bio ispra-
van: znajući što svi znaju iz Servantesovog života, da je on
sam imao sestričinu, ali ne i sinovicu, nazvala sam je se-
stričina, mada su je do sada u prevodima zvali sinovicom.
Sinovica, ili bratanica, jeste bratova ćerka. Don Kihote,
međutim, kaže da mu je to sestričina, od rođene sestre,
kaže. Sada pronalazim podatak da je Iso Velikanović sma-
trao da je morala biti bratanica zato što je u poslednjem
poglavlju, u svom testamentu, Don Kihote zove svojim

prezimenom, Kihano. Međutim, to nije presudan dokaz: sam Servantes je imao sestričinu koja je bila vanbračna ćerka. U *Maštoglavom vitezu* Servantes daje poneka objašnjenja koja dokazuju ono što se u *Maštoglavom idalgu* pokazuje samo kao naznaka i mogućnost: tekst potvrđuje svoju istinitost: *sobrina* je zaista sestrina ćerka, Don Kihote za sebe kaže da je od kremena!

Nedelja, 8. maj

Balkan je etnološki park Evrope, kaže Marija Todorova. Današnjem španskom čitaocu, vidim to po komentarima, potrebno je objašnjenje šta su narikače, ali u Srbiji su one donedavno postojale, ili još postoje. Sećam se kako je sestra moga dede pre dvadesetak godina oplakala brata po svim propisima obreda, naričući ritualne reči... Ali i ona je pre neku godinu umrla. Možda nas uskoro više neće smatrati za rezervat, ali koliko je to dobro a koliko loše, to je već sasvim drugo pitanje.

Subota, 11. jun

U glavi osamnaestoj *Maštoglavog viteza* Servantes se ponovo vraća na odnos prevodioca i povesti: „Ovde pisac slika sve pojedinosti iz don Dijegove kuće, živopišući nam u njima ono što kuća bogatog čoveka sa sela sadrži; ali prevodilac ove povesti je odlučio da prećuti sve te i druge slične tričarije, pošto se ne uklapaju u glavni naum povesti, koja svoju snagu crpi više iz istine nego iz hladnih digresija."

Nedelja, 12. jun

Reči koje označavaju pamet i ludilo mnoge su u celom *Don Kihotu*. Sančo u vezi sa tim pominje pamćenje. Šopenhauer govori o pamćenju i gubitku pamćenja kao o uzroku ludila. U dvadeset prvoj glavi Servantes govori o Don Kihotovom „pamćenju, koje mu je bilo veliko".

Nekoliko stranica dalje, u istoj glavi, nailazim na scenu sličnu onoj koju će Servantes opisati u svom poslednjem teksu, u kojem govori o svojoj bliskoj smrti. Sančo, govoreći o smrti, kaže kako ona „kao da i ne žvaće, nego trpa i guta sve na šta naiđe, jer ima pasju glad, koja se nikad ne može utoliti; i mada nema trbuh, izgleda kao da ima vodenu bolest i da joj se stalno piju sami životi svih živih, kao kad čovek popije vrč vode." U Prologu za *Persila i Sigismundu*, takva je bolest od koje boluje Servantes, i onda tu sliku treba prosto tumačiti kao sliku smrti. Utoliko pre što sebe opisuje u tom trenutku kako je krenuo na poslednje putovanje. „– Nemoj više, Sančo – reče u taj mah Don Kihote. – Drži se čvrsto, ne ponikni duhom, jer bi zaista to što si ti rekao o smrti svojim seljačkim rečima mogao reći i dobar propovednik. Kažem ti, Sančo, pošto si od prirode obdaren i bistar, mogao bi da uzmeš propovedaonicu pod mišku, pa da ideš svetom i propovedaš divote." Kao da je *Nazaren* Benita Peresa Galdosa izišao pravo iz ove rečenice.

Na početku dvadeset četvrte glave, još jedan zapis prevodioca na margini: „Kaže onaj ko je preveo ovu veliku povest sa izvornika koji je napisao prvi autor Sid Hamid Benengeli da su, kada je stigao do glave s pustolovinom u Montesinosovoj pećini, na margini ispisane rukom samog Hamida baš ove reči." Margina i prevodilac: kako da iz ovog spoja ne iskrsne Derida?

Utorak, 21. jun

Prvi dan leta. Već je prošlo dve trećine jeseni, i zima, i proleće. Danas kmetovi njaču u svojoj čudesnoj pustolovini, i majstor Pedro.

Nedelja, 26. jun

Čudnovato ime ribe koju Sančo lovi, skumrija ili čepa. Nalazim kakva je to riba u *Prirodopisnom atlasu za školsku upotrebu*, štampanom u Beogradu 1939. godine. Kupila sam je prošlog leta, na zrenjaninskoj pijaci. Atlas kaže: skumrija: *(clupea alosa)* živi u Istočnom, Sredozemnom i Jadranskom moru a na mrešćenje ulazi u reke, tako da je kod nas poznata i na Dunavu. U morima se zadržava u dubinama. U proleće se skuplja u jata i putuje u reke. Dok putuju, udaraju repom po vodi, i iz daleka se čuje zvuk nalik na groktanje svinja. Kad baci ikru, vraća se u more, a mlađ ostaje u reci do sledeće godine. Saznajem i da se u španskoj reci Ebru (koja nosi naziv zajedničkog, keltskog porekla, kao i ime naše reke Ibar) lovi od sredine marta do početka avgusta. Jede se sveža i usoljena.

Sreda, 6. jul

Sozercanje ili kontemplacija? Važno je da li ću upotrebiti jedan ili drugi termin. Kontemplacija podrazumeva vrlo precizan odnos prema predmetu kontemplacije, i reč koju budem upotrebila mora biti savršeno tehnički precizna. Opredeljujem se za reč kontemplacija. Servantes je voleo neologizme. O njima govori u četrdeset trećoj glavi *Maštoglavog viteza*:

„– Eruktiranje, Sančo, znači „podrigivanje", a to je jedna od najnespretnijih reči koje postoje u našem jeziku, mada je vrlo živopisna; i zato su se otmeni ljudi provoleli latinskoj, pa umesto *podrigivati* kažu *eruktirati*, i umesto podrigivanje, *eruktiranje, i to što poneko ne razume te reči, malo je važno, jer će ih upotreba polako vremenom uvoditi, pa će se lako razumeti; i to znači obogaćivati jezik, i nad time moć imaju narod i upotreba.*"

Utorak, 12. jul

Još mu se može *nož u repu slomiti* – srpska poslovica koja znači „na svršetku posla učiniti štetu", i koju nalazim kao prevod za „*aun le falta cola por desollar*", koja znači, „tek mu predstoji ono najteže".

„Dan što je zori gazio skute" ima još ovakvih stihova, koje sam ubacivala praveći ih prema uzoru iz naše poezije. Ovaj mi je došao od stiha Laze Kostića: „Kajan ti ljubim prečiste skute"!

Petak, 22. jul

Gledam poslovice koje sam prevodila pre nedelju dana, pa mi se sve čini, u pravu je Sančova Tereza: nužda zakon menja, zakon nuždu menja, može i jedno i drugo, samo zavisi šta me je zadesilo u taj mah. Prethodnih dana prelistavala sam silne knjige, sve skanjerajući se čime sada da nastavim: da li da prevodim, ili da pišem dnevnik, ili da čitam već prevedeno i ispravljam, prepravljam, dorađujem. Ili da rimujem stihove? Opet me je uhvatila panika, opet mi se čini da prevod nikada neću završiti. Hiljadu puta po četrdeset dana bi mi trebalo da sve pretresem i pročitam što bih pročitati htela. Sledećih sto deset godina, a ne četrdeset dana, poput onog Moriska Alhamijada. I tako, igrom slučaja, otkrijem nešto što me na trenutak izbezumljuje. Tražim po policama Unamunov *Život Don Kihota i Sanča*, a naletim na Kjerkegorovo *Ponavljanje*. Hm, nisam ni znala da imam ovu knjigu, a imam je odavno. Davno pre nego što sam, prošlog leta, baš negde u ovo vreme, prevodila *Reprizu* Alena Rob-Grijea. Pomislila sam tada, bilo bi dobro da potražim Kjerkegora: Rob-Grije insistira, *la reprise* je dobar prevod na francuski Kjerkegorovog, na nemačkom, *Wiederholung*, prezapočinjanje, ponovno započinjanje, ponavljanje, repriziranje. Ipak, u tom trenutku ne želim da se previše upuštam u istraživanja. Kakva greška, tek sad otkrivam. Prelistavam Kjerkegorovo *Ponavljanje*, i odjednom, prepoznajem: teme, motivi, mesta, Berlin, Unter den Linden, stan u kojem Kjerkegor boravi u Berlinu – sve se ponavlja. I pozorišne predstave, i scene s malom glumicom-grizetom (ha, *grisette*, *gris* i Grisosotom, i Grisostom me je juče ponovo mučio, ali dosta o tome), scenska ponavljanja koja su bila presudna u mojoj odluci da Rob-Grijeov naslov prevedem kao *Repriza*: da, prevod naslova je sasvim u redu, i to i jeste neka vrsta reprize Kjerkegorovog spisa iz 1843. Ipak, da sam prošle godine čitala Kjerkegora, stvari bi za mene s Rob-Grijeom išle lakše. To je, naravno, upozorenje: šta je s *Don Kihotom*, vodiš li sada dovoljno računa? *Bijesni Orlando*, menipska satira i Lukijan, Kevedov *Vrdalama*, *Hiljadu i jedna noć*...

Petak, 12. avgust

Tašmajdan, konjanik u crnoj bronzi, možda je Don Kihote? Gledam ga još od prošlog oktobra, pa i od ranije, na tom mestu, i stalno se pitam, ko je to? Nešto me sprečava da mu priđem: kada dolazim u Šansu, ne setim se, jer se ne vidi, skriven iza žbunja; dok sedim, govorim sebi, kada krenem odavde, skrenuću da pogledam. A onda zaboravim, i setim se uvek u nedoba. Da li mi namerno izmiče? Ovako, to je za mene zacelo on, Don Kihote, i više me nikakav natpis i neće razuveriti. Don Kihote u Tašmajdanskom parku. Tu je i Sančo, sedi na sapima Rosinanta.

Ponedeljak, 22. avgust

Na početku pedeset treće glave stoji: „'Ako neko misli da u ovom životu sve stvari moraju večno da traju u jednom stanju su jalova posla, nego pre izgleda kao da život ide sve okolo naokolo, ovaj, da se vrti u krug: proleće sledi rano leto, rano leto sledi pozno leto, pozno leto sledi jesen, i jesen zimu, i zima proleće, i tako se vreme uhvati u taj beskonačni točak; samo ljudski život juri svome kraju brže od vetra, i ne očekuje da će se ponoviti, osim u drugom životu, kojem nema granica koje bi ga omeđile.' Tako kaže Sid Hamid, muhamedanski filosof, jer su to da je sadašnji život kratak i nepostojan, a večni kojem se nadamo, trajan, mnogi i bez prosvetljenja vere, *nego samo s prirodnom svetlošću i prosvetljenjem razumeli;"* *Ne pišem bez veštačke svetlosti*, dodaje Derida mnogo godina kasnije. Kao na onom mestu u noveli o neumesnom ljubopitljivcu gde Servantes kaže, *„se le iba volviendo el juicio"*, i tumači kažu da to znači da je izgubio razum. Meni se, međutim, činilo – da mu se počeo vraćati razum. Da li se neumesni ljubopitljivac na kraju ubija kao čovek koji je poludeo, ili kao čovek koji je povratio razum? Komentator navodi primer iz pete glave, gde se kaže da su Don Kihota viteške knjige: *„Je han vuelto el juicio"* – izludele ga. To može biti dokaz, ali je zanimljivo da su tako lako zamenljiva suprotna značenja, naročito kada je razum u pisanju. Prirodna svetlost i veštačka svetlost, Dekart i Derida. Edit Grosman prevodi da je povratio razum, kao i stari francuski prevod, u Kasuovoj redakciji. Alin Šulman i Radeford prevode da ga je izgubio. Nema jednostavnog rešenja.

Sreda, 31. avgust

Glava pedeset deveta, pojavljuje se Aveljaneda: „U ovo malo što sam video našao sam tri stvari kod ovoga pisca dostojne prekora. Prva su neke reči koje sam pročitao u prologu; druga, to što je jezik aragonski, jer ponekad piše bez članova, *a treća, koja najviše potvrđuje kolika je ne-*

znalica, jeste to što greši i udaljava se od istine u onom najva-
žnijem u povesti, pošto ovde kaže da se žena Sanča Panse moga
štitonoše zove Mari Gutijeres, a ne zove se tako, nego Tereza
Pansa: i ko u tako važnoj stvari greši, lako se može strahovati
da greši i u svim ostalim u povesti."
Šta ovo znači? Ironija na sopstveni račun, za početak?

Servantes i Aveljaneda

Prvi dani septembra

Potraga za Aveljanedom predstavljala je pravu pošast
među Servantesovim biografima i proučavaocima Servan-
tesovog dela, i ne jenjava ni do dana današnjeg. O tome
svedoče i noviji tekstovi posvećeni ovoj temi Martina de
Rikera, pisani u više navrata, od 1988. do 2003. godine,
Danijela Ejsenberga iz 1991, da pomenemo samo neke od
najzanimljivijih. Ko je bio Aveljaneda ostaje, po Ejsenber-
govim rečima, „najveća nerešena tajna koja okružuje Ser-
vantesa". Astrana Marin je 1958. godine, odričući se bilo
kakve mogućnosti da iznosi pretpostavke bez presudnih
dokaza, zapisao: „Ako drugi istraživač ili biograf bude
uspeo da ga otkrije, što smatram za veoma teško – i ovde
Astrana Marin upotrebljava veoma dvosmislen izraz *„que
mucho lo dificulto"*, koji pre svega znači, „što veoma oteža-
vam", a tek onda „što smatram veoma teškim", i to je za-
gonetka koju je svemu ovome dodao sam Astrana Marin
– neka mu je sa srećom." Ovaj najveći istraživač arhiva i
sakupljač najvećeg dela podataka o Servantesovom životu
i vremenu koje danas imamo, svoje poglavlje posvećeno
slučaju Aveljanede obeležio je rečitim motom preuzetim
od Marcijala: *Ignotus pereas, miser, necesse est!*
Dvadesetog jula 1614. godine, ako uzmemo da je stva-
ran datum koji je ostavio u *Don Kihotu*, Servantes je pisao
trideset i šestu glavu *Maštoglavog viteza*. U pedeset i deve-

tom poglavlju, Servantes prvi put pominje Aveljanedu. Saznanje da je objavljen ovaj apokrifni nastavak *Don Kihota* verovatno je naveo Servantesa da ubrza pisanje romana, ali ono na šta je izvesno uticao jeste dalji tok Don Kihotovih putovanja. Don Kihote odustaje od odlaska u Saragosu, najavljivanog još od kraja *Maštoglavog idalga*, kako se ne bi podudario s lažnim Don Kihotom. Astrana Marin pretpostavlja da je ovu glavu Servantes mogao pisati negde u oktobru 1614, i da se tih dana u Madridu mogla pojaviti knjiga *Drugi tom maštoglavog idalga Don Kihota od Manče, koji sadrži njegov treći pohod i predstavlja peti deo njegovih pustolovina.* Sastavio ju je izvesni Alonso Fernandes de Aveljaneda, kako se potpisao, rodom iz Tordesiljasa, i, kako je pisalo na naslovnoj stranici, štampao je u štampariji Felipa Roberta u Taragoni 1614. godine.

U pedeset devetoj glavi, Don Kihote počinje da prelistava tu knjigu, zatim je vraća vlasniku i kaže: „U ovo malo što sam video našao sam tri stvari kod ovoga pisca dostojne prekora. Prva su neke reči koje sam pročitao u prologu; druga, to što je jezik aragonski, jer ponekad piše bez članova, a treća, koja najviše potvrđuje kolika je neznalica, jeste to što greši i udaljava se od istine u onom najvažnijem u povesti, pošto ovde kaže da se žena Sanča Panse moga štitonoše zove Mari Gutijeres, a ne zove se tako, nego Tereza Pansa: i ko u tako važnoj stvari greši, lako se može strahovati da greši i u svim ostalim u povesti.“ U sedmoj glavi *Maštoglavog idalga*, međutim, sam Servantes najpre je Sančovu ženu nazvao Huana Gutijeres, a nekoliko redova dalje, Mari Gutijeres; u pedeset i drugoj glavi prve knjige zove je Huana Pansa, a tek u *Maštoglavom vitezu* ona dobija ime Tereza Pansa. To što Don Kihote na ovom mestu kaže da je to „tako važna stvar“ pre liči na šalu i ironiju.

Počev od pedeset i devete glave, međutim, Servantes se u mnogo navrata vraća na Aveljanedu i njegovog *Don Kihota*. Nazvaće ga autorom „lažnog“, „izmišljenog“

„apokrifnog" *Don Kihota*, a ne „istinskog, zakonitog i vernog", zatim će reći da je pisac Aragonac, pa onda „tamo neki iz Tordesiljasa" čijoj će knjizi „doći sveti Mrata, kao i svakom svinjčetu". Čak će u sedamdeset drugoj glavi preuzeti i lik iz Aveljanedinog romana, don Alvara Tarfa, kako bi Aveljanedin književni junak sam priznao da je Don Kihote koga je on poznavao neko sasvim drugi. Konačno, u poslednjem poglavlju, Don Kihote na samrtnoj postelji kaže: „molim spomenutu gospodu moje izvršitelje da, ako ih dobra sreća dovede da upoznaju pisca za koga kažu da je napisao povest što kruži pod naslovom *Drugi deo podviga Don Kihota od Manče*, neka ga u moje ime najusrdnije zamole da mi oprosti što sam mu nehotice pružio priliku da napiše onolike i onako velike budalaštine kao što ih je tamo napisao, jer napuštam ovaj život sa grižom savesti što sam mu dao povoda da ih napiše. Time je završio testament..."

Naravno, tu je i sve ono što je Servantes, kao poslednje, pred štampanje knjige, zapisao povodom Aveljanede u svom Prologu. A šta je Aveljaneda napisao u Prologu za svoga *Don Kihota*? To je zapis pun uvreda i niskosti, koji ovde dajem kako bi se moglo videti na kakve je reči Servantes odgovarao. U samom tekstu Aveljanedinog romana dalje se nižu mnoge druge lične i niske uvrede nalik ovim. Nije Servantes reagovao pre svega na to što je neko drugi napisao nastavak romana o liku koji je Servantes smislio – to je uostalom, bila uobičajena stvar u književnosti toga vremena – nego na lične uvrede, s jedne strane, i na iskrivljavanje i osiromašenje svojih književnih likova. Otuda mnogo puta ponavlja da je jedan Don Kihote onaj dobri, a drugi, Aveljanedin, da je rđavi, da je Sančo Pansa promućuran i duhovit, a ne glupak i budala. Iz Servantesovih redova lako se može razabrati kakvi su postali ova dva junaka kod Aveljanede.

Alfonso Fernandes de Aveljaneda
Drugi tom maštoglavog idalga Don Kihota od Manče
Taragona, 1614. godina

Prolog

Pošto je bezmalo komedija svaka povest o Don Kihotu od Manče, ne može i ne sme da se pojavi bez prologa;
i zato na početku ovog drugog dela njegovih podviga izlazi ovaj, manje raskokodakan i nasrtljiv prema čitaocima
od onoga koji je njegovom prvom delu stavio Migel de
Servantes Saavedra, i skromniji od onoga koji je pratio
njegove novele, više satirične nego uzorite, mada nemalo
domišljate. Njemu se takvim ne bi učinile reči ove povesti, koja se nastavlja na osnovu autoriteta od kojeg ga je
on započeo, mnoštvom vernih pripovedanja koja su stigla
u njegovu ruku; i kažem ruku, pošto priznaje da ima samo jednu, i pošto toliko govori o svima, i mi moramo re
ći o njemu da, kao vojnik onoliko star po godinama koliko mlad po snazi, ima duži jezik nego ruku. Ali neka se on
žali na moj rad zbog zarade koju mu oduzimam od njegovog drugog dela; jer barem neće moći a da ne prizna da
obojica imamo jedan te isti cilj, a to je da proteramo štetno čitanje ispraznih viteških knjiga, tako uobičajeno među
prostim i dokonim svetom; mada se u sredstvima razlikujemo, pošto je on koristio uvrede na moj račun, a posebno na račun onoga koga s toliko prava slave najstranije nacije, i kome naša toliko duguje, pošto vrlo časno i plodno
zabavlja već toliko godina pozorišta Španije izvanrednim
i nebrojenim komedijama, sa strogošću umetnosti kakvu
svet traži, i to onako bezbedno i čisto kako se može očekivati od jednog službenika Svete Službe.

Ne samo što sam kao sredstvo uzeo to da u ovu komediju umetnem budalaštine Sanča Panse, čuvajući se da nikoga ne uvredim i da se ne razmećem proizvoljnim sinonimima, mada bih lepo umeo da radim ovo drugo, a slabo ono
prvo; samo kažem da niko ne treba da se grozi toga što ovaj

drugi deo izlazi od drugog pisca, pošto nije novo da jednu povest nastavljaju različite osobe. Koliko je njih govorilo o Anđelikinoj ljubavi i njenim doživljajima? I *Arkadije* su pisali razni ljudi; ni *Dijana* nije sva od jedne ruke.

I pošto je Migel de Servantes već star koliko i Zamak San Servantes, i zbog njegovih godina ga je tako teško zadovoljiti da ga sve i svi ljute, pa zato ima tako malo prijatelja da, kad poželi da ukrasi svoje knjige nekim naduvenim sonetima, mora da ih pripisuje, kako sam kaže, popu Jovanu od Indija ili caru Trapezunta, pošto možda u celoj Španiji ne može da nađe uglednu osobu koja se ne bi uvredila kada bi uzeo njeno ime u usta, mada toliko dopuštaju da njihovi soneti stoje na početku knjiga pisca o kojem se svašta priča, i daj Bože da se prestane, sad kad se privoleo crkvi i svetosti! Neka se zadovolji svojom *Galatejom* i komedijama u prozi, jer većina njegovih romana je samo to: neka nas ne zamara.

Sveti Toma, u 2, 2, p. 36, uči da je zavist tuga zbog tuđeg dobra i napretka, što je učenje koje je preuzeo od svetog Jovana Damaskina; kao decu tog poroka sveti Grigorije, u knj. 31 *Moralnog izlaganja povesti o svetom Jovu*, navodi ogovaranje, proganjanje bližnjeg, uživanje u njegovim mukama i žalost zbog njegove dobre sreće; i za takvog grešnika se dobro kaže da zavidi, pošto *non videndo, quia invidus non potest videre bona aliorum*: sve su to posledice jednako paklene kao i njihov uzrok, jednako protivne hrišćanskom milosrđu, za koje je rekao sveti Pavle, Korinćanima I, 13: *Ljubav dugo trpi, milokrvna je; ljubav ne zavidi; ljubav se ne veliča, ne nadima se, ne traži svoje ... raduje se istini*, itd. Ali neka mu budu oproštene greške iz njegovog prvog dela, u toj materiji, pošto je bio napisan među zidovima zatvora, pa tako i nije mogao a da ne iziđe umrljan od njih, niti se pojaviti nikako drugačije nego uz jadikovke, ogovaranje, nestrpljenje i bes, baš poput zatvorenika.

Ovaj se deo po nečemu razlikuje od njegovog prvog, jer je i moj humor suprotan njegovom; a što se tiče pitanja iz stvari povesti, i to ovako autentične kao što je ova, svako može da je okrene kako mu se čini najzgodnije; utoliko pre što se tu pruža široko polje od gomile hartije koju sam pročitao da bih ovo sastavio, koje je isto onoliko koliko i one koju nisam pročitao.

Neka me niko ne ogovara što se dopušta štampanje ovakvih knjiga, pošto ova ne uči da se bude nepošten, nego da se ne bude lud; a kada su dopuštene tolike *Selestine*, jer se već evo i majka i ćerka vuku ulicama, može se dozvoliti i da poljima tumaraju Don Kihote i Sančo Pansa koji nikada nisu imali poroka, nego pre, dobre želje da uteše siročad i rasprave krivde, itd.

Kandidata za Aveljanedu veća je gomila negoli aspiranata na autorstvo Šekspirovih dela, kaže Luis Astrana Marin. Među istraživačima vlada uverenje da je Servantes svakako znao ko se krije iza tog imena, ali to iz određenih razloga nije želeo da javno kaže. Sva je prilika, dakle, da je jedan od velikih razloga za nastanak apokrifnog *Don Kihota* nekakva lična netrpeljivost. Zato su istraživači najviše i tragali u tom pravcu. Među manje ili više poznatim ličnostima, piscima, Servantesovim prijateljima i neprijateljima, među kandidatima su se pojavljivala od najvećih imena španske književnosti toga doba (Lope de Vega, Tirso de Molina, Fransisko de Kevedo) do manje značajnih i opskurnih pisaca, čak i pisaca umrlih i po nekoliko godina pre nego što je Aveljanedin *Don Kihote* objavljen, pa sve do Servantesovih ličnih neprijatelja: neki od istraživača setili su se Huana Blanka de Pasa, Servantesovog neprijatelja i potkazivača iz Alžira; drugi, u novije vreme, pronašli su znake koji bi mogli ukazivati na Heronima de Pasamonta, čoveka koji je, po svenu sudeći, Servantesu poslužio da stvori lik Hinesa od Pasamonta, drumskog razbojnika. Jedan od najvećih španskih proučavalaca i priređivača *Don Kihota*, Martin de Riker, oprezno je izložio pretpostavku da bi se iza imena Aveljanede mogao kriti

Heronimo de Pasamonte. Tu pretpostavku prihvatio je i Danijel Ejsenberg. Sličnosti između stvarne ličnosti, Heronima, i Servantesovog književnog lika, Hinesa, mnoge su: i Heronimo je, poput Servantesovog junaka, napisao svoj *Životopis*. I Heronimo je robijao na galijama; govori više jezika; slabo vidi; pobožan je čovek. Postoje i sitniji detalji koji se poklapaju: Heronimo beleži da je bio vezan, baš poput Hinesa u *Maštoglavom idalgu*, s više lanaca nego drugi robijaši; i Heronimo se žali na niz nedaća koje su ga nezasluženo snašle, „pošto nesreće uvek zadese valjani um".

Migel de Servantes je kao vojnik služio u Italiji zajedno sa Heronimom de Pasamontom od avgusta 1571. do oktobra 1573. godine. Osam meseci bili su zajedno u jedinicama don Migela de Monkade, i obojica su učestvovali u bici kod Lepanta, i borbama kod Navarina i u zauzimanju Tunisa.

I jednoga i drugoga Turci su držali više godina u sužanjstvu. Heronimo de Pasamonte bio je sužanj od 1574. do 1592, a Migel de Servantes od 1575. do 1580. godine. Dok je Servantes bio sužanj u Alžiru, Heronimo de Pasamonte bio je veslač na galijama u Turskoj i duž afričkih obala. Heronimo de Pasamonte je godine 1593. počeo da piše autobiografiju pod nazivom *Život i peripetije Heronima de Pasamonta*, i Servantes je mogao znati ovu knjigu, sredinom devedesetih godina šesnaestog veka čitanu u Madridu. Ta knjiga predstavlja prostu pripovest autorovog pustolovnog života, u koju uplić́e duboku religioznost, oduševljenje Ariostom. Ove naznake podstakle su brojne istraživače da u njemu potraže čoveka sa dovoljno resantimana i dovoljno književnih sposobnosti da bi mogao biti Aveljaneda.

Čezare Segre zabeležio je u članku „Servantes opadač", objavljenom u *Korijere dela sera* oktobra 1988. godine: „Zašto je Servantes od tog svog saborca napravio opasnog razbojnika? Pasamontova autobiografija predstavlja se kao uzorni život u kojem vera pomaže da se prevaziđu nedaće i zamke sudbine. Pasamonte je zaista bio galijaš, ali kod nevernika protiv kojih je ratovao, a ne zbog nedela i kršenja zakona. Bio je, ili sebe smatrao za junaka. Servantesov surovi udarac morao je doći od lične netrpeljivosti, možda od neke svađe, prepirke, zavade. Ali nijedan dokument nikada neće udovoljiti našoj radoznalosti."

Jedna od malobrojnih neospornih činjenica u vezi s Aveljanedom jeste to da je bio, kako kaže Martin de Riker, „vatreni obožavalac Lope de Vege". U Aveljanedinom *Don Kihotu* govori se o prikazivanju jedne De Vegine komedije, njegovi stihovi se citiraju u nekoliko navrata, u Prologu je ispisana žustra odbrana ovog pisca. Neki istraživači tvrde da je Lope de Vega autor Prologa za Aveljanedinog *Don Kihota*.. Kakvi su bili odnosi između Migela de Servantesa i Lope de Vege? Kako izgleda, ova dva velika španska pisca održavali su dobre odnose sve do vremena uoči objavljivanja prve knjige Servantesovog *Don Kihota*. Međusobno su jedan drugoga hvalili u tekstovima, Servantes je uputio pohvale De Vegi u *Galateji*, a Lope de Vega Servantesu u svojoj *Arkadiji* 1599. godine. Servantes je na De Vegin poziv napisao pohvalni sonet za njegovu *Dragonteju*, objavljenu 1602. godine. Međutim, tokom 1605. godine Lope je napisao privatno pismo u kojem vrlo oštro govori o Servantesu, i kako izgleda, pogrešno mu pripisuje neki Gongorin sonet u kojem je napadnut, a zatim odvraća na taj sonet drugim. Neko je to sve poslao Servantesu, možda čak i sam Lope, ostavljajući pritom primaocu da plati i poštarinu. Šta je bio uzrok ovoj promeni? Među istraživačima, najčešće se pretpostavlja da je tome razlog Servantesov napad na Lopeovu površnu erudiciju, u Prologu za *Don Kihota*. Ipak, Servantesov ton je blag i odmeren. Ni o samom sebi ne govori naročito pohvalno. Kako se pretpostavlja, to nije bio jedini razlog za onako naglu promenu odnosa među njima. De Vegine ocene na račun *Don Kihota* nisu nimalo nežne.

Servantes je zapisao u svom *Prilogu uz Parnas*: „Dok sam bio u Valjadolidu, doneli su neko pismo mojoj kući, za mene, i tražili jedan real za poštarinu; primila ga je i poštarinu platila moja sestričina, kamo sreće da je nikad nije platila; ali mi je kao izvinjenje dala to je što mnogo puta čula da je novac dobro potrošen na tri stvari: na davanje milostinje, plaćanje dobrog lekara i plaćanje poštarine za pisma, bilo da su od prijatelja ili od neprijatelja; jer ona koja su od prijatelja, poučna su; a iz onih od neprijatelja mogu se izvući neke naznake o njihovim mislima. Dali su mi ga, a u njemu je bio neki slab, bledunjav sonet, bez ikakve ljupkosti i oštroumlja, u kojem se ružno govori o *Don Kihotu*; ali teško mi je pao onaj real."

O slučaju koji se desio na nekoj od madridskih akademija, Lope de Vega izveštava vojvodu od Sese u svom poznatom pismu od 2. marta 1612. godine. To je vreme kada je dvor ponovo u Madridu, gde žive i Servantes i Lope de Vega, i zajedno posećuju književne akademije. Lope piše: „Akademije su pomahnitale: na prošloj su dva licencijata bacali jedan drugome kape. Ja sam pročitao neke stihove sa Servantesovim naočarima, koje liče na rasplinuta jaja na oko."

Kako su u španskoj prestonici izgledale književne akademije, koje su španski pisci želeli da naprave po ugledu na stare atinske, zabeležio je Servantesov savremenik, i neprijatelj, pisac Kristobal Suares de Figeroa: „Prethodnih godina neki madridski umovi su otkrili slične podstreke: okupljali su se s tom namerom u nekim gospodskim kućama, ali nisu postigli cilj. Razlog je tome možda bio to što su, zaboravljajući na ono glavno, pisali samo stihove posvećene različitim događajima. Neretko je dolazilo do osporavanja, prekorevanja i podražavanja, pa i do sukoba, gde su taština, nadmenost i drskost toliko uzimale maha da su ponekad prouzrokovale ne samo prezrive postupke i ispade, nego i opasne uvrede, i svađe, i postajale uzrok da se vrlo brzo prekine s tim okupljanjima."

Ipak, rekli bismo, jedna tačka sukoba je nadmašila sve drugo: rivalstvo između ove dvojice pisaca u pozorišnim delima, komedijama. Lope de Vega veoma je držao do svog dramskog dela, i pritom bio veoma populiaran i dobro zarađivao na komedijama. Napisao ih je izuzetno mnogo. Po komedijama je bio poznat, ne samo u Madridu, nego i širom Španije. Pozorišne trupe su se otimale oko njegovih dela. Međutim, po Servantesovom mišljenju, Lope de Vega nije zasluživao toliku slavu. Servantes je o pozorišnim delima pisao i u *Don Kihotu*, kao i u drugim svojim delima, i jasno govorio da smatra da je nepravedno zapostavljen kao pozorišni pisac.

U četrdeset i osmoj glavi *Maštoglavog idalga*, Servantes napada De Vegino pozorište, mada na tom mestu istovremeno i hvali jedan njegov komad. U Prologu takođe napada ovog pisca. Lope de Vega odgovorio mu je u prologu svog *Hodočasnika u otadžbini*, komadu napisanom 1603–1604. godine. Verovatno je da je već čitao *Don Kihota* i pre nego što je objavljen, ali je možda odgovarao i na druge napade, možebiti usmene. Servantes, u prologu za svoje komedije i međuigre, „nikada prikazivane", kako stavlja i u naslov knjige, govori o tome kako je u mnogo navrata pokušavao da zainteresuje glumačke družine za svoje komade, ali bez uspeha. Servantes se, isto tako, nije nimalo ustručavao da o svojim dramskim delima govori kao o boljim od komada Lope de Vege, u *Maštoglavom idalgu* napada ga da prodaje svoju umetnost, i predlaže da se uvede zvanični čitač pozorišnih dela koji bi procenjivao njihovu umetničku vrednost, što je nedugo potom i učinjeno.

Drugo polje na kojem je Servantes napao Lope de Vegu je privatni život. Jedna od važnih tema u *Maštoglavom idalgu*, po važnosti možda odmah posle teme književnosti, jeste odnos među polovima. Časno postupanje neprestano se hvali: žene su središte Don Kihotovog viteškog života; on pretvara svoju damu iz ne posebno čedne žene u ideal, i menja joj ime. U tome su istraživači nalazili sličnost s postupcima Lope de Vege, između njegovog života i književnih preobražaja žena sa kojima je imao veze.

Poznato je i to da je Lope de Vega bio „posrednik", odnosno podvodač vojvodi od Sese. Istraživači su uočili i to da je Servantes o svodnicima govorio na način veoma sličan onome na koji je govorio o piscima komedija. I zaključivali da je ta podudarnost teško mogla biti slučajna. I da je Lope de Vega na jednom i na drugom polju mogao videti prekore upućene na svoj račun. Da li je to zaista bila Servantesova namera? Sva je prilika da nije. Ipak, postoje mesta na kojima Servantes nedvosmisleno aludira na privatni život Lope de Vege. Jedno se nalazi u sonetu koji Gandalin upućuje Sanču Pansi, u stihovima uz *Maštoglavog idalga*, koji govori o „našem španskom Ovidiju". Kako beleži Danijel Ejsenberg, od Srednjeg veka je u celoj Evropi Ovidijevo ime bilo vezano za ljubav, i to pre svega seksualnu, on je smatran za „autoritet u nedozvoljenoj ljubavi", kako je nazivan u španskim tekstovima iz XVI veka. Jedna od opštepoznatih činjenica iz Ovidijevog života bilo je i njegovo progonstvo, a i Lope de Vega bio je prognan iz Španije. Ukratko, Lope de Vega i Servantes bili su rivali, i Lope je s pravom na Servantesa gledao kao na pretnju svom prestižu i zaradi. Danijel Ejsenberg čak ide dotle da se poigrava i mogućnošću da je Lope mogao napisati ne samo Prolog, nego i sam *Drugi tom Don Kihota*, i potpisati ga pseudonimom Aveljaneda. Jer, kaže Ejsenberg, Aveljaneda je bio veliki obožavalac Lope de Vege, a ko bi mogao biti veći obožavalac Lope de Vege od samog Lope de Vege? Aveljaneda hoće da pokaže da je bolji i zabavniji pisac od Servantesa. Želi da preotme Servantesu zaradu na *Don Kihotu*. To je knjiga autora sa izvesnim obrazovanjem, autora koji često koristi latinske citate. Aveljanedu ne zanima misao o književnosti koliko Servantesa, on manje poznaje vitešku književnost. Aveljanedinog *Don Kihota* štampao je izdavač koji je štampao De Vegina dela, Sebastijan Kormeljas, sa lažnim podacima, što u to vreme nije bilo uobičajeno. Moguće je da to ukazuje na izvestan pritisak izvršen na izdavača, koji je

Lope de Vega bio u položaju da izvrši. Aveljaneda izvanredno poznaje i život i dela Lope de Vege. Ejsenberg navodi još niz činjenica koje podupiru mogućnost da se iza imena Alonso de Aveljaneda krije Lope de Vega. Nikakvih presudnih dokaza tome u prilog, međutim, ne nalazi, i to od samog početka priznaje. Jedan od glavnih razloga da uopšte uvede ovu pretpostavku, da bi je na kraju sam pobio tekstualnom analizom koja pokazuje prevelike razlike u odnosu na stil Lope de Vege, jeste sukob između dva pisca i mogući uticaj ovog pisca na onoga ko se krije iza imena Aveljaneda, kao i, kako se s mnogo razloga pretpostavlja, verovatnoće da je Lope de Vega imao bliske veze s Aveljanedom, ma ko to bio.

Astrana Marin, čija biografija Servantesa, i pored svih nedostataka, ostaje najveći izvor dokumenata o Servantesovom životu i vremenu, monumentalno delo iz kojeg Servantesovi biografi i do današnjeg dana crpu podatke, ne želi da iznese svoje pretpostavke. On kaže: „Mnogo godina uporno smo tragali za rešenjem problema; trebalo je zadovoljiti radoznalost koja je toliko uznemiravala književni svet, i pored toga što se znalo da je njegova važnost minimalna; i svakako, u našem istraživanju stigli smo dotle da bismo mogli ukazati na jedno ime. Ali taj dokument ne bi zadovoljio sve; nije potpun, nije presudan, nije neosporan dokaz; i pošto nije ni potpun ni konačan, nego podložan osporavanju, radije ćemo ostaviti stvar takvu kakva jeste nego da iznesemo pretpostavku, ma koliko nam ona izgledala očigledna, ako nije u skladu sa strogo dokumentovanim karakterom našeg dela. ... Štaviše, kao da čudnovato odbijanje dokumenta za kojim se tako uporno traga da se pojavi predstavlja upozorenje koje nas navodi da se zadovoljimo time što ćemo ga ostaviti skrivenog i da ne pokušavamo dalje da istražujemo. Zato, pošto ne možemo da kažemo presudnu reč, nećemo reći nijednu ... Neka jadnik ostane nepoznat.“

Kako je štampan Don Kihote II

Segunda parte del ingenioso cavallero
don Quixote de la Mancha, 1615

Četvrtak, 22. septembar

Servantes je svoj nastavak *Don Kihota* završio krajem
1614. godine, bez obzira na to da li je na njega uticalo ili
nije uticalo pojavljivanje nastavka *Don Kihota* objavljenog
pod imenom Alonsa Fernandesa de Aveljanede. Bilo je to
baš u vreme kada je isticala ili morala da bude obnovljena
desetogodišnja privilegija za *Maštoglavog idalga.*

Deset godina ranije, *Maštoglavi idalgo* je odštampan u
izvanredno kratkom roku, ali stiče se utisak da se sa štam-
panjem *Maštoglavog viteza* 1615. godine nikome nije žu-
rilo. Kako se s mnogo razloga pretpostavlja, Servantes je
pisanje ove knjige završio krajem 1614. godine. Prve do-
zvole i privilegiju dobio je u februaru i martu 1615. godi-
ne, a na knjizi je u štampariji rađeno sve do oktobra iste
godine. Bila je to knjiga *in quarto* formata od 568 strani-
ca, odnosno šezdeset i jednog tabaka, a poslednje dozvo-
le i „taksa" dobijene su tek u novembru, kada je i štampa-
nje okončano. Ta sporost u štampanju nije dovela do
manjeg broja grešaka nego što je bio slučaj u *Maštoglavom
idalgu. Maštoglavi vitez* bio je odštampan tako da se može
prodavati zajedno s trećim izdanjem *Maštoglavog idalga* iz
1608. godine, čiji su se primerci još nalazili u prodaji. To
je izdanje u kojem su slova zbijenija, lošijeg tipa nego
prethodna, štampano na slabijoj hartiji. Sve to učinjeno je
kako bi cena knjige bila što niža.

U *Maštoglavom vitezu* Servantes nije napravio onako
veliki broj izmena u poslednjem trenutku kao što je u
prvoj knjizi bio slučaj. I pored toga što je ovog puta ruko-
pis bilo lakše slediti, ponovo se pojavio veoma veliki broj
štamparskih grešaka, čak dvostruko veći nego u prvom iz-

danju *Maštoglavog idalga*. Pretpostavlja se i da je greška koja se pojavila u redosledu parničara koji izlaze pred namesnika Sanča, u četrdeset i petoj glavi, o čemu je ostao neznatan trag u aluziji na parničara koji će se tek kasnije pojaviti, sudeći po raspodeli teksta na stranice u prvom izdanju, najverovatnije nastala nepažnjom štampara.

Godine 1615. Servantesu je bilo ostalo još svega neko-liko meseci života. Štamparija u kojoj je slagan *Maštogla-vi vitez*, ona ista u kojoj je štampana i prva knjiga *Don Ki-hota*, bila je preseljena u ulicu San Euhenio, nešto dalje od Servantesovog stana. Odnosi sa vlasnicima štamparije verovatno su bili lošiji, pošto je negde u isto vreme Servantes štampao *Osam komedija i osam međuigara* u štampariji Huana de Viljaroela, a ne u Roblesovoj. Pouzdanih podataka o tome da li je i koliko svaka od ovih okolnosti mogla uticati na veliki broj štamparskih grešaka u *Maštogla-vom vitezu*, nikada nije pouzdano utvrđeno.

Maštoglavi idalgo imao je devet izdanja tokom prvih deset godina, do pojave *Maštoglavog viteza*. Objavljeni su i prevodi knjige na engleski i francuski. Bio je to izdavački uspeh, ali mnogo manji nego, na primer, uspeh *Uzoritih novela*, koje je Servantes objavio 1613. godine. Bila je to knjiga koja je u prvom trenutku imala veliki odjek, veoma brzo počela da se preštampava u jeftinijim izdanjima, ali čija je prodaja posle izvesnog vremena počela da opada, u čemu je nimalo zanemarljivu ulogu odigralo mišljenje tadašnjih čitalaca da je to pre svega knjiga „za zabavu", koju, kada je jednom pročita, čitalac daje drugome ili je prodaje. U tim okolnostima je objavljivanje *Maštoglavog viteza* 1615. godine predstavljalo i novi podstrek za nova izdanja *Maštoglavog idalga*. Obe knjige su prvi put zajedno štampane 1616–1617. godine u Briselu, gde je čak štampar prvu knjigu naslovio *Prvi deo maštoglavog idalga Don Kihota od Manče*. Takođe 1617. godine, i u Lisabonu je objavljeno još jedno izdanje druge knjige i prodavano zajedno s preostalim primercima ranijeg izdanja prve. Iste godine, u Barseloni, tri knjižara su se udružila i objavili obe knjige u zajedničkom izdanju u dva toma. Prodaja knjige bila je skromna. Posle 1617, dvadeset godina nije usledilo novo izdanje. Ova godina bila je veoma značajna za objavljivanje Servantesovih dela: tada je roman *Persil i Sigismunda* preštampan sedam puta, a *Uzorite novele* tri puta. Tih godina je *Don Kihote* bio manje čitan nego ova druga dva Servantesova dela.

Privilegija za *Maštoglavog viteza* važila je do 1625. godine, ali knjiga tada nije preštampavana. Od 1625. do 1635. godine u Kraljevini Kastilji nisu davane dozvole za štampanje romana i komedija, a van Kastilje, niko se nije zanimao da ponovo štampa *Don Kihota*. Čim su u Kastilji dozvole ponovo počele da se izdaju, Servantesov roman je ponovo štampan, 1636. i 1637. godine, i to prvi put ne kao relativno prolazna novina i knjiga za zabavu, nego kao značajno delo koje je sledećih trideset godina često preštampavano, uvek u dva toma. Još jedan značajan datum u izdavanju *Don Kihota* je briselsko izdanje na španskom iz 1662. godine, kada je roman prvi put štampan sa ilustracijama. Bilo je to prvo u „flamanskoj grani" izdanja, koja su održala *Don Kihota* prisutnog u Evropi i odredila osnovni izgled kasnijih španskih izdanja.

Poslednji dani Migela de Servantesa

Zapisano mnogo meseci ranije

Poslednji tekst koji je Servantes napisao bili su Posveta grofu od Lemosa i Prolog romana *Peripetije Persila i Sigismunde*, napisani 19. aprila 1616. godine, tri dana uoči smrti pisca. Poslednjih godina života Servantes je bio slavan, a ipak, živeo je u nemaštini. U Odobrenju za štampanje *Drugog dela Don Kihota*, Fransisko Markes Tores, kapelan toledskog nadbiskupa i Servantesov prijatelj, beleži, 27. februara 1615, događaj koji se desio dva dana ranije: „Istinito svedočim kako su 25. februara ove 1615. godine, kada je presvetli gospodin don Bernardo de Sandoval i Rohas, kardinal nadbiskup Toleda, moj gospodar, otišao da uzvrati na poseti koju mu je učinila Njegova svetlost ambasador Francuske, koji je došao da razgovara o stvarima u vezi sa venčanjem između kraljevskih visočanstava njegove zemlje i Španije, mnoga francuska gospoda iz ambasadorove pratnje, koliko ljubazni, toliko i poznavaoci i ljubitelji lepe književnosti, prilazili su meni i drugim kapelanima moga gospodara kardinala, u želji da saznaju koje su najcenjenije tvorevine domišljanja; i kada pomenusmo knjigu koju sam ja upravo ocenjivao, čim su čuli ime Migela de Servantesa, počeli su da ga veličaju, opisujući koliko su u Francuskoj i u susednim kraljevinama na ceni njegova dela: *Galateja*, koju neki od njih bezmalo napamet znaju, prvi deo ove knjige, i *Novele*. Pohvale su bile tolike, da sam se ponudio da ih povedem da upoznaju njihovog pisca, za čime su oni na hiljadu načina pokazali živu želju. Do najmanjih pojedinosti su me ispitivali o njegovim godinama, zanimanju, stanju i imanju. Bio sam prinuđen da im kažem kako je star, vojnik, hidalgo i siromah, na šta je jedan odvratio ovim ljubaznim rečima: 'Zar takvog čoveka Španija ne drži u velikom bogatstvu i ne izdržava o javnom trošku?' Na to priteče drugi od one gospode, s ovom mišlju koju vrlo oštroumno reče: 'Ako ga nužda mora prinuditi da piše, dao Bog da nikada ne živi u izobilju, kako bi svojim delima, kao siromah, učinio bogatim ceo svet.' Zaista verujem da je ovo, za cenzuru, malo dugačko; neko će reći da dodiruje granice laskave hvale; ali istinitost ovoga što ukratko govorim rasteruje sumnju kritičara i moju brigu: osim toga, u današnje vreme se ne laska onome ko nema čime da nahrani laskavčev kljun, jer takav, iako pritvorno i lažno govori u šali, očekuje da bude nagrađen u zbilji.“ Servantes

je živeo u oskudici. I otuda, zavisio od milosti dobročini-
telja koji su ga pomagali. O toj milosti on govori u posve-
tama i prolozima svojih knjiga.

Servantes je grofu od Lemosa posvetio više knjiga, iz
čega istraživači izvlače zaključak da je grof pisca svakako
na neki način pomagao. Posvetio mu je *Uzorite novele*
(1613) i *Osam komedija i osam međuigara* (1615). Posve-
tio mu je i *Drugi deo Don Kihota*. Tu posvetu Servantes je
napisao poslednjeg dana oktobra 1615. godine. U njoj je,
pored drugih knjiga, obećao da će grofu poslati *Peripetije
Persila i Sigismunde*, „knjigu koju ću završiti kroz četiri
meseca, *Deo volente*, i koja će biti ili najgora, ili najbolja što
je na našem jeziku sačinjena, hoću da kažem, od onih za
zabavu; i velim da se kajem što sam kazao najgora, jer po
mišljenju mojih prijatelja, dosegnuće najveću moguću va-
ljanost.“ *Persil* će biti najbolja knjiga sačinjenja na špan-
skom jeziku, kaže Servantes u Posveti *Don Kihota*.

Ne mogu da izbegnem pomisao na ironiju, i u ovim
posvetama, naročito pošto dolaze iz pera „najironičnijeg
od svih pisaca“, kako su ga nazivali. Na samom početku
Posvete za *Persila*, koju upućuje „svom meceni i zaštitni-
ku“, grofu od Lemosa, Servantes se seća, i varira, u XVI
veku veoma popularnu narodnu pesmicu: „S jednom no-
gom već u stremenu / u želji za smrću / gospo, pismo ti
pišem: / jer ne mogu živ da odem / a još manje ponovo
da te vidim.“ Romansa koja je piscu poslužila da napravi
svoju varijaciju teško je mogla biti slučajno izabrana: nije
u pitanju samo aluzija na smrt koja se neminovni bliži, ne-
go i na odnos ljubavi i mržnje, ono „ne mogu živ da
odem, a još manje ponovo da te vidim“, koje može biti ra-
zličito tumačeno. Koliko je grof od Lemosa zaista poma-
gao Servantesu? Neki istraživači Servantesovog života
sumnjaju u finansijski značaj te pomoći. Kako bilo, Ser-
vantes nije ponovo video grofa od Lemosa, koji je iz Na-
pulja u Madrid stigao tek u avgustu, četiri meseca posle
Migelove smrti.

Ko je bio grof od Lemosa? Plemić u čiju službu je Servantes bezuspešno pokušavao da stupi 1610. godine, kada je grof kao potkralj polazio za Napulj. Mada nije uspeo da postane dvorjanin na potkraljevskom dvoru u Napulju, čime bi izišao iz oskudice, da li je Servantes kasnije počeo da prima pomoć od grofa od Lemosa? I ako je novčane pomoći bilo, kada je to i koliko moglo biti?

Servantes i grof od Lemosa mogli su se, veli Martin de Riker, izvanredni istraživač i priređivač Servantesovih dela, upoznati u nekoj od brojnih književnih akademija u Madridu. Zna se da su i jedan i drugi posećivali književnu akademiju grofa od Saldanje, koja je postojala od 1605. ili 1607, do 1611. godine. Međutim, malo je verovatno da su se tada mogli i sprijateljiti, ili barem o tome nema nikakvih podataka. Sve do 1613. godine, u stvari, nema ničega što bi ukazivalo na to da je grof od Lemosa na bilo koji način pomagao Servantesu. *Uzorite novele* je prva knjiga koju mu je Servantes posvetio, šaljući mu 14. jula 1613, iz Madrida, književnu poslanicu kojom mu upućuje dvanaest novela, kaže, „kao neko ko ništa ne traži", ali završava rečima: „Ostajem ovde prezadovoljan jer mi se čini da u ponečemu počinjem pokazivati želju koju imam da služim Vašoj ekselenciji kao svom istinskom gospodaru i dobročinitelju." U čuvenom Servantesovom *Prilogu uz Putovanje na Parnas*, poslanica koju Apolon Delfijski šalje autoru poeme nosi datum 22. juli 1614. godine. Apolon u njoj pokazuje nezadovoljstvo što ga Migel nije posetio na Parnasu, ali mu to oprašta, „ako je izvinjenje to što ga je ponela želja da vidi svog mecenu, velikog grofa od Lemosa, na čuvenim svečanostima u Napulju." Zatim, u septembru 1615. godine, Servantes objavljuje i knjigu *Osam komedija i osam međuigara*. U posveti kaže kako želi da grofu i dalje služi „kao svom istinskom gospodaru i čvrstom i iskrenom zaštitniku". Nekoliko nedelja kasnije, 31. oktobra 1615. godine, napisao je i posvetu *Drugog dela Don Kihota*, u kojoj – stalno se vraća nedoumica, šta je tu šala, a šta zbilja – kaže: „U Napulju imam velikog grofa Lemosa koji (...) me pomaže, štiti, i čini mi više milosti nego što i sam umem poželeti." I najzad, završava *Peripetije Persila i Sigismunde*, a posvetu zaštitniku piše već na umoru, 19. aprila 1616, kada mu ostaje svega tri dana života. Istovremeno, završava i neobični Prolog istoj knjizi. Ta dva teksta su potresna svedočanstva o poslednjim danima života „bogalja s Lepanta", kako su ga savremenici zvali.

Postojao je, međutim, zaštitnik koji je Servantesu nesumnjivo, kako je zabeleženo, „davao milostinju". Naime, Servantesov prijatelj, pisac Salas Barbadiljo, zapisao je 1627. godine kako je nadbiskup Sandoval i Rohas pomagao tada čuvenog pisca Visenta Espinela „naloživši da mu se svakoga dana udeljuje određena svota, da bi starost proveo s manje neugodnosti", i da je „isto milosrđe pokazao prema Migelu de Servantesu, jer mu se činilo da je pomaganje ljudima koji se bave vrlim poslovima milostinja dostojna španskog primata". Milostinja, kaže Salas Barbadiljo. Ni Servantes, čini mi se, nije na tu pomoć gledao drugačije. O toledskom nadbiskupu Bernardu de Sandovalu i Rohasu, koji je u to vreme bio i predsednik Vrhovnog saveta Inkvizicije, inače rođaku grofa od Lemosa, Servantesov biograf Astrana Marin beleži – u prilog španskom primatu, koji je, kako kaže, bio Veliki Inkvizitor „protiv svoje volje" – kako je „prilikom autodafea održanog prvog novembra 1616. godine u Toledu pomilovao sve optuženike, tako da nijedan nije spaljen".

Nadbiskupa, kao i grofa od Lemosa, Servantes pominje i u Prologu čitaocu za *Drugi deo Don Kihota*. Šta o njima kaže? Kako razumeti ono: „Živeo veliki grof od Lemosa, čije me hrišćanstvo i širokogrudost, dobro poznati, protiv svih udaraca sudbine održavaju na nogama, i živelo mi vrhunsko milosrđe presvetlog nadbiskupa Toleda, don Bernarda de Sandovala i Rohasa, pa makar na svetu ne bilo štamparske prese, i makar se protiv mene štampalo više knjiga nego što Mingo Revulgo ima slova u strofama. Ova dva vladaoca, bez ikakvog mog laskanja niti druge vrste hvale, samo iz svoje dobrote, uzela su na sebe da mi učine milost i da mi pomognu, u čemu sebe smatram srećnijim i bogatijim nego da me je sudbina uobičajenim putem dovela na vrh." Verujem da ovi izrazi zahvalnosti zaslužuju da zastanemo i razmislimo o njihovom značenju. Pogotovu kada imamo u vidu da Posveta grofu od Lemosa, koja sledi za Prologom čitaocu, počinje pričom o kineskom caru: on Servantesa poziva da bude rektor fakulteta na kojem će se španski jezik izučavati iz *Don Kihota*. A onda kaže: „Upitah glasnika Njegovog Veličanstva nije li mu za mene dao i neku napojnicu pride. On mi odgovori, ni u primisli." „Osim što sam star", odgovara na to Servantes glasniku, „mnogo sam bez para, a car za cara, i kralj za kralja, u Napulju imam velikog grofa od Lemosa, koji me i bez takvih fakultetskih titulica i rektorata izdržava, štiti, i čini mi više milosti nego što poželeti umem." Kako čitati ove reči? Kao pohvalu dobročinitelju i zaštitniku? Kojem će, kaže, „ljubiti noge". Ne mogu a da u tim rečima ne vidim gorku samoironiju.

Poslednji veći novac koji je Servantes zaradio, dobio je od svog izdavača, trgovca knjigama Huana de Viljaroela, za *Drugi deo Don Kihota*, krajem 1615. godine. Prodajna cena *Drugog dela* bila je, po primerku, 8.5 reala. U dozvoli za štampanje koju je izdavao, Kraljevski savet je određivao tokom koliko vremena će autor uživati ono što bismo danas nazvali autorskim pravom. Ta dozvola je i za *Persila*, kao i za svaki od delova *Don Kihota*, trajala deset godina. Koliko je mogao dobiti Servantes od prodaje knjige? Često u oskudici, Servantes je ponekad knjigama isplaćivao unapred dobijeni novac od knjižara Roblesa, izdavača *Don Kihota* i *Uzoritih novela*. Za prvi deo *Don Kihota* mogao je dobiti, kako veli Servantesov biograf Žan Kanavađo, oko 1500 reala. Za *Uzorite novele* dobio je 1600. Sve to nisu bile prevelike sume. Da li je kasnije dobijao još novca od prodaje? Štampari se međusobno dogovaraju, dele zarade, ne prijavljuju piscu tiraže. Servantesov junak Licencijat Staklenko kaže: „Umesto hiljadu i petsto, odštampaju tri hiljade knjiga, i kad pisac misli da se prodaju njegove, rasturaju se tuđe."

Servantes je u to vreme bio ne samo star i siromašan, nego i veoma bolestan. O tome znamo ono što je sam zabeležio. U Prologu za *Persila*, Servantes govori o vodenoj bolesti koja ga je snašla, i o stalnoj želji da pije. Vodena bolest je u to doba bila, kažu istraživači, maltene opšti naziv za niz tada nepoznatih bolesti. Doktor Hose Gomes Okanja je 1899. godine u članku „Servantesova klinička istorija" utvrdio da je Servantes bolovao od srdobolje nastale usled arterioskleroze. Servantesov biograf Astrana Marin 1958. godine zaključuje da je bolovao od dijabetesa. Doktor Hose Alvares Sjera, u članku objavljenom 1972. godine, ukazuje na cirozu jetre. Godine 1994. Moris Molo, prevodilac *Persila* na francuski, smatra da je verovatno reč o tuberkulozi koja je uništila organizam već načet alkoholom.

Krajem 1615. godine, Servantes se s porodicom preselio u nešto bolji, noviji stan, u kući nedaleko od manastira bosih trinitarki, gde je živeo i Fransisko Martines, kapelan tog manastira, sa čijom porodicom je porodica Servantesovih bila bliska. U toj kući Servantes je i umro, u petak, 22, a sahranjen u subotu, 23. aprila. Greška oko datuma smrti nastala je otuda što su, kako tvrdi Luis Astrana Marin, tada u crkvene dokumente upisivani datumi sahrane, a ne smrti. Migel de Servantes nije doživeo nedelju, koju je predvideo kao najdalji rok kada će mu se okončati život. Dvadeset dana ranije, 2. aprila, stupio je u Treći red svetog Franje. Sahranjen je u franjevačkoj mantiji, u manastiru bosih trinitarki. Taj manastir se sastojao od tri kuće, bio je veoma tesan, i nije imao ni svoju crkvu, nego je kao bogomolja korišćena nekakva kapija. Kuće je kupila, i očigledno, svojim trgovačkim umećem održavala izvesna Fransiska Romero, „monahinja u manastiru bosih trinitarki", osnivačica i zaštitnica manastira. Ona je, međutim, živela zasebno u jednoj od tri kuće, „kao samosvojna gospođa", i prema ostalim monahinjama se „ponašala kao da su joj sluškinje", uzimajući od njih miraze koje su donosile u manastir. „Nadmena i nepodnošljiva", sve je podvrgavala svojoj volji. Kako svedoče sudski arhivi, pokretala je sudske sporove, uzimala advokate, ulagala prigovore, naplaćivala rente, kupovala, prodavala... O svemu ovome podatke je prikupio Astrana Marin u monumentalnoj biografiji Servantesa. Astrana Marin beleži i to da je Fransiska Romero došla u sukob sa toledskim nadbiskupom, Bernardom Sandovalom i Rohasom, Servantesovim dobročiniteljem. On nije želeo da potvrdi osnivanje ovog manastira bosih trinitarki. Osnivačica je bila u zavadi sa monahinjama, manastir je sve više siromašio...

Kakvu je ulogu Servantes mogao igrati u svemu tome? Zašto su, najpre njegova žena, a zatim i on sam, pristupili franjevačkom redu? Postoji li ikakva veza između ove činjenice i povezanosti Servantesovog zaštitnika s manastirom bosih trinitarki, ili je to puka slučajnost? Kako bilo, Servantes je sahranjen u manastiru bosih trinitarki, koji njegov dobročinitelj nije želeo da prizna. U istom manastiru sahranjena je i Servantesova žena, Katalina de Salasar, deset godina kasnije. Manastir nije bio zvanično ustanovljen sve do 1630. godine, tada već promenivši ktitorku. Od toga doba, u manastiru se gradi i doziđuje. Splet okolnosti bio je takav da su radovi, započinjani i prekidani u više navrata, trajali sve do 1697, kada je dovršena i nova crkva. Nadgrobnih obeležja u manastiru nije bilo. Više nije bilo ni svedoka, jer je Servantesova ćerka, poslednja iz porodice, tada bila mrtva već četrdesetak godina. Prilikom svečanosti osveštanja crkve niko nije znao da je Servantes nekada sahranjen ispod nje.

Servantesova udovica, Katalina de Salasar, svoja prava na *Peripetije Persila i Sigismunde* prodala je knjižaru Huanu de Viljaroelu, koji je knjigu objavio 1617. godine. Mada se ne može sa sigurnošću tvrditi kada je i koliko dugo Servantes pisao ovu knjigu, dovršavao ju je u poslednjim trenucima života. Čak nije stigao da svim poglavljima stavi naslov, što je uvek činio na kraju. Istraživači Servantesovog dela smatraju da je gotovo neverovatno da ju je pisao istovremeno sa *Drugim delom Don Kihota*. „Teško je zamisliti dva u svakom pogledu tako različita dela", kaže Martin de Riker.

Persil i Sigismunda je knjiga napisana u stilu vizantijskih romana. Zaplet, neverovatne dogodovštine, plovidbe, brodolomi, gusarski pohodi, otmice i skitanje slede tradiciju vizantijskog romana, koji je u XVI veku ponovo ušao u modu. Pustolovna lutanja dvoje glavnih junaka zavise od proizvoljnosti slučaja, i velikim delom se odvijaju u egzotičnim hiperborejskim zemljama koje je Servantes poznavao samo iz više ili manje fantastičnih opisa, i geografskih mapa. Persil i Sigismunda, dvoje ljubavnika koji putuju pretvarajući se da su brat i sestra, pod lažnim imenima Periandar i Auristela, u stvari su prelepi princ i princeza. Priča veoma komplikovanog zapleta povremeno se prekida kada novopridošli likovi pripovedaju svoje doživljaje, uglavnom fantastične ili čudesne, a zatim se nastavlja, uvek uz neko iznenađenje. Kraj pripovesti i cilj hodočašča glavnih junaka predstavlja dolazak u Rim. Kada je štampan, posthumno, 1617. godine, roman je odmah doživeo šest izdanja. Njegova popularnost trajala je tokom celog XVII veka, a zatim je *Persil* pao u zasenak.

Možda je Servantes ovim romanom hteo da ispiše simboličku istoriju čovečanstva u čijoj osnovi leži protivreformistička ideja, smatra Martin de Riker. Servantesov biograf Astrana Marin poredi *Persila* sa Šekspirovom *Zimskom bajkom* i *Burom*: „Ista atmosfera melanholije obavija ova dela. To su tvorevine sna, koje bezmalo prevazilaze granice prirode (...) kreću se u imaginarnom svetu koji su stvorili samo za sebe. Vilijem i Migel tada dele istu severnu maglu. (...) Sve preplavljuje strogi asketizam. Reč je tačnija i preciznija, misao dublja i uzvišenija. To su dela u kojima život genija, mada mu imaginativna snaga ne slabi, dotiče kraj." Servantes je, melanholično, slutio: „To je knjiga koja se drznula da se nadmeće sa Heliodorom, samo da baš zbog te drskosti ne završi s rukama na glavi."

Migel de Servantes

S jednom nogom već u stremenu

Grofu od Lemosa

Ove stare strofe, koje su nekada bile slavne, i što počinju:

„S jednom nogom već u stremenu",

voleo bih da nisu došle ovako zgodno u mojoj poslanici, jer ih mogu bezmalo istim rečima početi, govoreći:

„S jednom nogom već u stremenu,
u čežnji za smrću ti pišem
veliki gospodaru, ovo pismo."

Juče su mi dali poslednju pomast, a danas ovo pišem; vreme je kratko, čežnje rastu, nade se smanjuju, a i pored svega, život održavam na želji da živim, koju imam, i voleo bih da ga omeđim dotle dok ne poljubim stope Vašoj ekselenciji: možebiti, zadovoljstvo što Vašu ekselenciju vidim zdravog u Španiji bilo bi toliko, da bi me vratilo u život. Ali ako je pisano da ga imam izgubiti, neka bude volja nebeska, a Vaša ekselencija barem neka zna za ovu moju želju, i znajte da ste u meni imali slugu toliko željnog da vam služi, da je hteo da pređe s onu stranu smrti pokazujući svoju nameru. Uza sve to, kao u proročanstvu, radujem se dolasku Vaše ekselencije, veselim se što vidim kako na vas prstom upiru, i presrećan sam što su se moje nade pokazale istinite, uveličane u slavi o dobroti Vaše ekselencije. U duši mi je ostala još neka relikvija i trag od *Nedelja u vrtu* i *Glasovitog Bernarda*. Ako me kojim slučajem, na moju sreću, koja više neće biti sreća, nego čudo, nebo poživi, videćete ih, a zajedno s njima i kraj *Galateje*, koja se toliko dopala Vašoj ekselenciji; i s tim delima, ostajući pri svojoj želji, neka Bog čuva Vašu ekselenciju kako može. U Madridu, devetnaestog aprila hiljadu šesto šesnaeste godine.

Sluga Vaše ekselencije
Migel de Servantes

Desi se, dakle, čitaoče moj najvoljeniji da, dok smo druga dva prijatelja i ja dolazili iz čuvenog mesta Eskivijasa, iz hiljadu razloga slavnog, jedno, zbog svojih presvetlih loza, drugo, zbog svojih preslavnih vina, čuh kako mi iza leđa dolazi velikom brzinom mamuzajući životinju neko ko je, izgleda, želeo da nas sustigne, što je i pokazao vičući za nama da ne jurimo toliko. Sačekasmo ga, i na magaretu stiže neki kulašasti student, pošto je sav bio odeven u sivo, sa kožnim dokolenicama, zaobljenim cipelama i mačem sa kovanim balčakom, i sa usijanim okovratnikom sa isto takvim uzlovima; istina, imao je samo dva, jer mu je s vremena na vreme okovratnik s jedne strane spadao, pa se mnogo mučio i trudio da ga namesti. Kada nas stiže, reče:

– Žure li vaše milosti da stignu neki položaj ili prebendu na dvoru, kada tako brzo idete, pošto su tamo ni manje ni više nego Njegova svetlost biskup od Toleda i Njegovo Veličanstvo? A verujte mi da je moja magarica slavna po svojoj brzini.

Na šta jedan od mojih prijatelja odgovori:

– Raga gospodina Migela de Servantesa je za to kriva, pošto je malo dugokraka.

Čim student ču ime Servantes, sjaha sa svoje životinje, s jedne mu strane pade podsedlica, a sa druge torba, jer je s tom raskoši putovao, pa navali na mene, i pritrčavši da me uhvati za levu ruku, reče:

– Jeste, jeste! Ovo je zdravi bogalj, čuveni ceo, veseli pisac, i konačno, radost Muza!

Meni, koji za tako kratko vreme videh velike hvale upućene u moju čast, učini se da bi bilo neljubazno ne odgovoriti na njih; i tako, zagrlih ga oko vrata, usled čega on potpuno izgubi okovratnik, i rekoh mu:

– To je greška u koju su upali mnogi ljubitelji neznalice; ja, gospodine, jesam Servantes, ali ne radost Muza, niti bilo šta od ostalih tričarija koje ste rekli. Uhvatite, vaša milosti, svoju magaricu, i uzjašite, pa da pređemo u dobrom razgovoru ono malo puta što nam je ostalo.

Odmereni student tako i učini, pritegosmo uzde malo jače, i laganim korakom nastavismo put, tokom kojeg se govorilo o mojoj bolesti, i dobri student me istog trenutka natera u očaj, govoreći:

– To je vodena bolest, koju ne bi izlečila ni sva voda Okeanskog mora koju biste slatko popili. Vaša milosti, gospodine Servantes, obuzdajte se u pijenju, ne zaboravljajući da jedete, jer ćete tako ozdraviti, bez ikakvog drugog leka.

– To su mi mnogi kazali – odgovorih – ali tako mogu drage volje prestajati da pijem, kao da sam se samo zato rodio. Život mi se završava, i kako kažu otkucaji moga bila, najdalje u ovu nedelju će dovršiti svoju trku, kao i ja trku svog života. U silnom ste trenutku naišli, vaša milosti, da me upoznate, pošto više nemam vremena da vam pokažem zahvalnost za naklonost koju mi je vaša milost ukazala.

Utom stigosmo do Toledskog mosta, i ja preko njega uđoh u grad, a on produži, da uđe preko Segovijskog. Šta će biti rečeno o ovom mom doživljaju, za to će se slava pobrinuti, moji prijatelji imaće volje da ga ispričaju, a ja još više da sve to čujem. Ponovo ga zagrlih, on mi ponovo reče kako mi stoji na usluzi, obode magaricu, koja je pružila veliku priliku mome peru da opišem njene ljupkosti; ali nisu sva vremena jedno. Doći će vreme, možda, kada ću, nastavljajući prekinutu nit, reći ono što mi ovde nedostaje i što znam da bi trebalo. Zbogom, hvale; zbogom šale; zbogom, veseli prijatelji; jer ja umirem, i želim da vas brzo vidim zadovoljne u drugom životu!

Subotnji post i prezime mančanskih supruga
Zapis pročitan tokom razgovora prevodilaca u Njujorku

Možda u strahu da se ne izložim opasnosti da ovaj moj tekst zasluži komentar koji je pop uputio na račun *Galateje*, da „mnogo obećava, a ništa ne završava", poželela sam da govorim o običnim stvarima, o postu i o prezimenu, što će me kružnim putem dovesti do razumevanja kroz nesporazum kao istovremeno marginalnog i središnjeg pitanja prevođenja. Kako bismo se razumeli kroz nesporazum, treba da se postavimo na marginu, da igramo na ivici.

Zabavljam se zamišljajući tekst *Don Kihota* kao pismo koje šalje Servantes. To zamišljam kroz način na koji ga treba tumačiti: niti prostor, niti vreme onoga ko nam ga šalje nisu više prostor i vreme onoga ko čita. Značenje se proizvodi iz daljine, i samo iz daljine može da se tumači. Ne postoje idealna značenja koja garantuje prisustvo govornika. Ako je tako u originalu, to je tek činjenica koja predstavlja paradigmu za njegov prevod. Uvodeći vremensku distancu, osim prostorne, otkrivam nemogućnost dovršetka i savršenog uobličenja prevoda. Tako ulazim u prostor slobode, ali istovremeno, i rizika: razlika između originala i njegovog prevoda leži, kako kaže Anri Mešonik, ne u različitosti jezika, nego u razlilčitosti rizika.

I počinjem da čitam. U prvom poglavlju *Idalga* – kako bih olakšala komunikaciju, upotrebljavam naslov *Idalgo* za takozvani „Prvi deo" i naslov *Vitez* za „Drugi deo" *Don*

Kihota; a uzgred: da li su *Idalgo* i *Vitez* dva romana, ili samo jedan? – i na prvoj stranici nalazim opis, više nego poznat, emblematičan, u kojem nam se kaže kako je subotom Don Kihote jeo *duelos y quebrantos*. Ostavljajući po strani naziv ovog jela – a ni to nije nevažno pitanje u prevođenju na bilo koji jezik – ovde mi se ukazuje prva situacija razumevanja kroz nesporazum u mom prevodu: postavljaju je i samo jelo, i dan posta, i šta znači postiti u španskoj i u srpskoj kulturi. Sumnju, u stvari, uvodi nešto što ne stoji eksplicitno u Servantesovom tekstu. Naime, ovde je reč o različitim običajima. Gledam objašnjenje na dnu stranice vezano za taj izraz (koristim izdanje koje je priredio Fransisko Riko): „*Duelos y quebrantos* bilo je jelo koje nije kršilo uzdržavanje od mesa kojega su se u kraljevini Kastilji držali *subotom*: mogla bi biti reč o 'jajima sa čvarcima'", kaže komentar. Ova vrsta posta, sa jajima i čvarcima, izazvala bi smeh kod srpskog čitaoca. Jer taj čitalac nema običaj da u dane posta jede ma koju vrstu jela životinjskog porekla. Međutim, srpskom čitaocu daleka je pomisao da se i subotom posti, i zato se ne smeje. Zato mu nije nimalo čudno što Don Kihote subotom jede jaja sa čvarcima. Reakcija španskog i srpskog čitaoca biće ista, ali iz različitih razloga. Zbog nesporazuma koji dovodi do razumnog razumevanja. Ili ne baš tako razumnog, ako hoćete. Zamislite zamršeno objašnjenje koje sam ovde pokušala da vam predstavim na pojedostavljen način, vama, prevodiocima, zamislite to objašnjenje u obliku fusnote. Osim što bi bilo besmisleno, bilo bi i neumesno.

Naravno, ne možemo ostaviti po strani pitanje jezika prevoda ni u jednom od slučajeva prevođenja o kojima bismo želeli da raspravljamo. Kada prevodim na srpski, iskrsava niz marginalinih pitanja ove vrste. Upravo zato, moramo zastati da razmislimo o tome kako naš život, i naše životno i čitalačko iskustvo podjednako, upravljaju našom prevodilačkom mišlju, a u kojoj meri nam, opet, s jedne strane jezici, a sa druge tekst originala, u izvesnom smislu nameću naše izbore. Takav je slučaj izraza „*echar una tela*", u onom slasnom opisu Don Kihotove gazdarice. Takav i onaj sa galijama i presama na koje bi trebalo baciti Matorelovog *Tiranta Belog*. Takav i slučaj špargle ili viline kose na grbu nekog zaljubljenog viteza, takav i slučaj one rečenice, „S neviđenom nadmenošću obraćao se na *vi* sebi ravnima". Takvi slučajevi postoje bezmalo na svakoj stranici *Don Kihota*. Prevodiočev izbor mora se voditi prema pravilima igre koju mu nameću njegov jezik i njegovo vreme. Rizikujući na sopstveni način, izvršava zadatak prevodioca. Ili prevoditeljke.

Šta, recimo, da radim sa različitim oblicima obraćanja, od kojih svako podrazumeva različite društvene i lične odnose, konvencije, itd.? Nije čak isto hoćete li se nekome obratiti sa *vos*, *tu*, ili *usted* u današnjem španskom, ili u Servantesovo vreme – a utoliko manje su dovoljni oblici *vi* i *ti*, kojima raspolaže srpski jezik. Ipak, u srpskom danas možemo isklazati prezir ili nadmenost, ili čak nešto treće, obraćajući se bliskoj osobi na *vi*. Ovakvo rešenje za Servantesovo „*arrogante vos*" predstavlja još jedan primer razumevanja kroz nesporazum. I mada se nesporazumi, pogrešna tumačenja zbog razlika u vremenu i kulturi gomilaju, opet sa njima nekako uspevamo da iziđemo na kraj. Savršeno razumemo Servantesa, iako „ne govorimo istim jezikom".. Da li je to paradoks prevođenja? Svakako, i to jedan od najboljih. Da li je to hermeneutika prevoda? Ona dolazi zato da bi prevodioca uvela u čarobni lavirint razumevanja kroz nesporazum. Prevodilac to zna, i uživa u igranju žmurke s tajnom koju on jedini zna. To je tajna koju ne zna pisac, koju ne znaju junaci. Ne govorim ovde o nekom znanju koje bi imao Don Kihote, ali bi ono ostalo zabranjeno za Servantesa. Niti o onome što zna španski čitalac, ali ne i čitalac prevoda. Reč je o znanju koje se daje samo onome ko živi između dva teksta, između dve tajne, mirno gledajući kako se jezici njime poigravaju, kako ga, kao Sanča, bacaju uvis na ćebetu, da bi mu na kraju učinili poklon. Isti proces je na delu i na drugim mestima, ništa manje simptomatičnim, mada i ništa manje – ili više – marginalnim. Susrećem ga čak i u slučajnim pronalascima: imenima imaginarnih i stvarnih kraljevstava koja se mešaju, na primer. Takav je slučaj popove igre između reči Meona (Popišulja) i Meotida, jezera u Skitiji, oblasti koja je ušla u poslovice po svojoj surovosti i varvarstvu, i koju Servantes vezuje za kraljevstvo Majmunariju: u mom prevodu, čistom igrom slučaja, zamenu za ovo razigrano ime našla sam u reči *Pitekuze*, grčkom nazivu ostrvlja u blizini Napulja, koje sam, poigravajući se kao i pop u sa rečju Meona, pretvorila u *Pišeguze*. Takve su marginalne igre koje ostavljaju svoj trag svuda u tekstu. To, međutim, nije sve: ime *Pitekuze* na grčkom znači, ništa manje nego Ostrvo Majmuna! Zato što je, prema legendi, Zevs pretvorio njegove stanovnike u majmune, kada se na njih naljutio. Još jednom je napravljen krug koji tekst – originala i prevoda, na španskom i na srpskom, koje ovde posmatram zajedno, kao jedan tekst – vodi od jezera u Skitiji, preko zamršenog spleta putovanja po rečnicima i leksikonima, traganja i pronalazaka, sve do ostrvlja u Tirenskom moru, i dalje, do onoga što Žan Kanavađo opisuje kao „debatu između književnosti i života", i kao „izvanredan susret književnosti i života". Jer tu se odjednom, mada ga niko nije namerno tražio, pojavljuje Napulj, taj „najbogatiji i najsladostrasniji grad na celom zemaljskom šaru", tako važan u Servantesovom životu.

Napravimo sada skok unapred. Stigavši do poslednje stranice *Idalga*, nailazim na sledeći odlomak:

„Šta to pričaš, Sančo, kakva gospođa, kakav arhipelag i vazali? – odvrati Huana Pansa, jer se tako zvala Sančova žena, ne zato što su bili rođaci, nego zato što je u Manči običaj da žene uzimaju prezimena svojih muževa."

U prvom trenutku, čak nisam ni obratila pažnju na prezime Huane Pansa, niti na moguće implikacije. Zatim sam zastala da razmislim. Šta na ovom mestu proizvodi osećaj nedovoljnosti prevodilačkog posla, šta to kao da podiže nekakav zid kako bi sprečilo prenošenje, zaustavilo kretanje prevođenja, i nateralo prevodioca da preuzme još jedan rizik?

Ova dva slučaja – prezime i post – vezuju u čvor početak i kraj romana. Reč je o efektu razumevanje-nesporazum nastalom iz različitih kulturnih običaja. Nalazim se pred naizgled jasnom situacijom, gde nema nikakve sumnje ili nesporazuma: Sančova žena nosi prezime svoga muža. To je nešto sasvim uobičajeno u srpskoj kulturi, i ne samo u njoj. Na trenutak, možda previše smeštena u sopstvenoj sredini, zaboravljam na španski običaj da udate žene sačuvaju sopstveno prezime i ne menjaju ga prilikom udaje. Međutim, Servantes odmah dodaje objašnjenje. Šta da radim? Da ponovo objasnim objašnjenje, koje, opet, objašnjava nešto što je jednima savršeno poznato, ali drugima nerazumljivo? Naročito kada je pritom objašnjenje u stvari potrebno španskim čitaocima. Šta znači, za tekst moga prevoda, kada u originalu naiđem na objašnjenje za koje se ispostavlja da je, pre nego redundantno, nerazumljivo, objašnjenje za nešto što bi čitalac prevoda smatrao savršeno uobičajenim? Iznenada, objašnjenje, koje u originalu ima funkciju da objasni, čini tekst nejasnijim. I odlučujem da to mesto ostavim bez objašnjenja: tako će se srpski čitalac ovde ipak nasmejati, jer će ostati u uverenju da je objašnjenje samo Servantesova šala. Iznenada, još jedan okretaj zavrtnja, u suprotnom smeru, u smeru suprotnom od smera kazaljki na satu, koji me primorava da krenem protiv vremena, i protiv prostora, kako bih stigla do polazne tačke pre nego što suparnik započne trku. Eto dovoljnog razloga koji će proizvesti hermeneutičku vrtoglavicu. „Umnost bezumlja što se mom umu nudi, na takav način um mi slabi, da je razumno što se žalim na ovaj zahtev“, mogla bih dodati, parafrazirajući Don Kihotovu lektiru.

Setimo se sada mesta koje ne spada među marginalna, nego među kardinalna u *Don Kihotu*, trenutka kada se prvi put pojavljuje lik prevodioca. To je i jedino mesto u romanu – osim Prologa – gde se pojavljuje reč *margina*, što na ovom mestu otvara još jedno marginalno pitanje, pitanje izbora reči na srpskom, što, uzgred budi rečeno, ima izvesne implikacije po stav koji prevodilac zauzima prema svom tekstu:

„Upitah ga čemu se smeje, i on mi odgovori da se smeje nečemu što je u toj knjizi napisano na margini, kao napomena. Rekoh mu da mi kaže šta je, i on, ne prestajući da se smeje, reče: – Ovde, kao što rekoh, na margini piše ovo.“ To je mesto na kojem pripovedač nalazi prevodioca, „nekog Moriska, od Alhamijada“, da mu pročita arapski tekst. I šta prevodilac čini u svom prvom pojavljivanju u romanu? Smeje se belešci na margini, i to marginalnoj belešci, mogli bismo reći. Na ovom mestu nije važno šta se u toj belešci kaže – izvesno je da nije reč ni o kakvom navodu iz „Horacija, ili koga već beše“ – to jest, nije reč o učenoj, nego o šaljivoj belešci, o šeretskom komentaru zabavljenog čitaoca.

Iako na prvi pogled može izgledati drugačije, u ovom zanimanju za marginalno nije me vodila čisto filološka želja da tragam za nečim što do sada nije primećeno, niti da marginalno pretvaram u središnje: središte i margina, u krajnjoj liniji, ispoljavaju se na jedinstvenoj teritoriji teksta. Zanimljivost pitanja leži u nečem drugom: u našoj neodlučnosti na kojem mestu je istina, ili smisao teksta. I to je jedna od strategija koje pokazuju kako značenje teksta nije naprosto funkcija nekih unapred utvrđenih smislova za svaki termin, niti sintaksičkih pravila pomoću kojih se grade iskazi. Upravo se zato prevodilačko čitanje vezuje za margine, za fusnote, za ona mesta na kojima je pažnja najslabija. Svakako, Servantesov tekst, pošto je književnost – i to književnost „par ekselans i po antonomaziji“, poput ona dva neumesno ljubopitljiva prijatelja iz novele umetnute u

Don Kihota – sadrži „šale i zbilje“, srećne i nesrećne slučaj-
nosti, dvosmislice i razjašnjenja. Ne smemo ostati na tome
da samo konstatujemo tu pojavu: ova tekstualna „iskliznu-
ća“ valja upotrebiti u korist stvari književnosti.

U septembru

U poslednjem delu šezdeset druge glave, Don Kihote,
koji će nekoliko stranica kasnije za sebe reći da je pomalo
pesnik, odlazi u štampariju, gleda kako se knjige štampa-
ju, razgovara s nekim prevodiocem. Niz stvari tu navodi
na razmišljanje: šta su te *Bagatele* koje je preveo neki „sta-
sit i naočit, donekle ozbiljan čovek“? Da li je Servantes ne-
što preveo s italijanskog? Verovatno i jeste. Sam kaže da
je mnogo stvari rasuo pod tuđim imenima. Ovaj deo o
prevođenju veoma je bitan: šta znači da Don Kihote „*se
precia de cantar*“ neke Ariostove stance? Da li ih je prepe-
vao? Može li „*cantar*“ tako da se shvati? Prvo i osnovno,
ako ovaj glagol ne shvatimo tako, onda Don Kihotovo
hvalisanje nema smisla: kako to „peva“ Arisotove stance?
Da li su to pesme za pevanje? Ako bi ih pevao u doslov-
nom smislu, da li treba da pretpostavimo da bi za njih
morao napisati i muziku? U svakom slučaju, takvo obja-
šnjenje vodilo bi u priču koja i nema neki naročiti povod
i objašnjenje. Radije se opredeljujem za drugo rešenje.
Dakle, u mom prevodu:
„– Smeo bih da se zakunem – reče Don Kihote – da ni-
ste, vaša milosti, poznati na svetu, kome je večito mrsko
da hvali bujne umove i hvalevredne napore. Koliko je ve-
ština kojekuda zatureno! Koliko skrajnutih umova! Koli-
ko prezrenih vrednosti! Ali i pored svega, čini mi se da je
prevođenje s jednog jezika na drugi, osim sa kraljeva me-
đu jezicima, grčkog i latinskog, koje je kao kad neko gle-
da flamanske tapiserije s naličja, i premda se likovi vide,
puni su konaca koji ih zamagljuju da se ne vide u jednakoj

glatkosti i boji kao s lica; a prevođenje s lakih jezika ne osporava ni umnost ni rečitost, kao što je ne osporava ni onaj ko prenosi ni ko prepisuje jedan papir sa drugog papira. Ali neću ja zbog ovoga da tvrdim kako taj posao prevođenja nije vredan hvale, jer ima i drugih, gorih, kojima se čovek može zanimati i koji će mu doneti manje koristi. Van ove računice spadaju dva glasovita prevodioca: jedan je doktor Kristobal de Figeroa, u svom *Pastiru Fidu*, a drugi don Huan de Hauregi, u svojoj *Aminti*, gde se srećno dovodi u sumnju šta je prevod a šta original."

U *Don Kihotu* sve vrvi od prevodilaca; tu je Huan Boskan, prevodilac *Dvorjanina* Baltazara Kastiljona; tu je i onaj kapetan, prevodilac Ariosta, o čijem umeću pop nema baš najbolje mišljenje; tu su i dva glasovita prevodioca, Figeroa i Hauregi. Hauregi, Servantesov prijatelj, naslikao je i jedini Servantesov portret koji se dugo vremena smatrao autentičnim. Istina u slici i reči.

Usuđujem se da prevedem kao da je Don Kihote prevodilac: prepevao sam. Zašto bi se inače tako često upuštao u priče o prevođenju? I Servantes, svakako, i pre svega. Servantes zaista, Don Kihote u dokolici. Kako već prevodioca Servantes naziva *autor*, *pisac*, isto tako možemo zaključiti i to da bi se „*cantar*" moglo tumačiti u ovom slučaju kao „pevati" ili „spevati" tuđe, ovde Ariostove stance. Tako bi bilo jasnije zašto se Don Kihote toliko zanima za to kako onaj prevodilac prevodi pojedine reči. I tako bi se mogao jasnije pročitati razgovor između dva prevodioca, koji raspravljaju o svom zanatu. Zašto bi inače razgovarali? Don Kihote je opčinjen knjigama, čita ih stalno, zna ih napamet, govori o tuđim prevodima, samo je logičan nastavak svega da se oprobao, u svojoj dokolici, da „speva" poneku Ariostovu stancu na kastiljanskom. Eto, zato verujem da ovde „*cantar*" znači: „prepevati".

Nimalo neuobičajen odnos prema prevođenju, uostalom: prva je potvrda tome što Servantes za prevodioca kaže *autor*; drugo, to spada u uobičajenu terminologiju ne samo tog doba, nego i kasnijih. A što se tiče ovog mesta, svakako se uklapa i u Don Kihotov lik i u epizodu koja se na tom mestu odvija. Postoji niz naznaka koje potvrđuju ovu moju pretpostavku: Don Kihote pita prevodioca, koga naziva piscem, za njegovo *pisanje*.

Dugo me je mučila besmislenost onog odlomka o flamanskim tapiserijama, osim ako nije u pitanju pogrešno tumačenje: možda ja grešim tumačeći ovako, ali se oslanjam na iskustvo sa mnogim Servantesovim zbunjujućim rečenicama koje ipak, ispostavi se na kraju, samo treba dovoljno pažljivo pročitati da bi im se dokučio smisao i prepoznala konstrukcija.

Zašto bi prevođenje sa svih jezika *osim sa latinskog i grčkog* bilo kao flamanska tapiserija? Zar nije logičnije da kaže da je upravo *samo prevođenje sa latinskog i grčkog kao flamanska tapiserija*, a ostali jezici su *laki*, kako kaže? I onda dodaje, prevođenje s tih jezika nimalo ne šteti ni umu ni stilu, a ima i gorih stvari kojima se čovek može baviti... Servantes je, možebiti, prevodio s italijanskog; kao prevodilac umeo je o tom poslu da razmišlja i da ga ceni, i ako citira nečije tuđe mišljenje, kao što često čini, ne radi to zato da bi ga samo preneo, nego i da bi prema njemu izgradio izvesnu distancu: ironijsku ili ne, u ovom slučaju je veoma bitno. Servantes nije zagovarao stav neprevodljivosti (osim sa grčkog i latinskog) nego upravo prevodljivosti: prevođenje je kao prepisivanje i kopiranje. Da bi potom dodao: ne mislim da je to zato manje vredan posao, može se naći i gori i manje isplativ. Možda je u pravu.

Petak, 30. septembar

Četrdeset četvrtu glavu *Maštoglavog viteza* Servantes počinje rečima: „Kažu da se u samom izvorniku ove povesti može pročitati da ovu glavu, kada ju je je Sid Hamid napisao, njegov prevodilac nije preveo onako kako ju je on napisao, a to je bilo u obliku Mavarinove tužaljke nad samim sobom što se laćao jedne ovako suve i ograničene povesti kao što je ova o Don Kihotu..."

Čitam napomene priređivača uz ovu rečenicu, u kojoj se citira priređivač izdanja *Don Kihota* iz 1833–1839. godine, Dijego Klemensin, koji piše: „Sve ovo na početku poglavlja je nerazumljivo trabunjanje. Jer, kako je moglo u samom izvorniku povesti da se pročita da je njen prevodilac nije verno preveo? I kakve sve to ima veze s Mavarinovom tužaljkom nad samim sobom što se laćao tako suvog i jalovog predmeta?" Priređivači Akademijinog izdanja dodaju mudro: „Prethodne reči predstavljaju tako očiglednu besmislicu, da se moraju razumeti kao svođenje na apsurd igre o fiktivnim autorima kojima se Servantes zabavlja kada im redom pripisuje da su sastavili *Don Kihota*." Žan Kasu je u svojoj prelepoj maloj knjizi o Servantesu zapisao: „Misao XVI i XVII veka se skriva. Ostavlja nas večito u nedoumici. U onome što kaže, mora se neprestano pronalaziti nešto drugo nego što kaže." Tako je i ovde.

Prevodilac u *Don Kihotu* ima posebnu ulogu. Prevodilačku: on ne gleda na stvari kao na istinite ili neistinite u stvarnosti, nego u realnosti teksta: istinitost teksta, istina u slici, istina u slici i reči, to je ono što njega zanima. Prevodilac se prvi nasmejao čitajući Don Kihota. Prevodilac ne govori o tome da li se Sančo ponaša uverljivo ili neuverljivo, nego govori o uverljivosti teksta: pošto Sančo govori na za njega neuobičajen način, prevodilac ostavlja mogućnost da je tekst apokrifan. On, kao dobar prevodilac, veran je tekstu, i prenosi onako kako je pisano. Njega zanima odnos ne između reči i stvari, nego između reči i reči. To je ono čime me Servantes osvaja, to je magija (*parcijalna* ili ne, *delimična* ili ne, *pristrasna* ili ne, kako je govorio Borhes) njegovog teksta. Kada Servantes govori o prevodiocu, to su uvek vrlo konkretne stvari, ma koliko čudnovate, uvrnute, izvrnute kao u ogledalima, ma koliko to izvesnim tumačima izgledalo kao Servantesova „nerazumljiva trabunjanja" i „očigledne besmislice". Njegov je prevodilac taj koji naizmenično zamenjuje mesta s autorom, s autorima, čak. Nije izvesno da je i on samo jedan. Nije to važno, važno je nešto drugo: vernost istini teksta, istini reči. S tim da, ako istina nije jedna, onda valja da je zamislimo i sazdamo, baš kao što je to činio pisac – tako mora i prevodilac. I njegov jezik je prožet rizikom borbe s vetrenjačama na reči od kojih je sačinjeno delo.

U Beogradu i drugde, 2004–2005

Molinos de lengua
Diario de una traductora del Quijote

Conocemos los molinos movidos por el agua, los molinos movidos por el viento, sabemos que los molinos son las máquinas que molen, que machacan. Sabemos también que don Quijote queda tantas veces molido a palos. Sin embargo, en este diario de una traductora del *Quijote* no se trata de moler a palabras, ni de moler las palabras, sino de ver en la lengua un motor del molino llamado obra. Don Quijote, quien se deleita en hablar tanto como Sancho, su fiel escudero, combate con los molinos de viento. Es una de sus batallas más famosas, inútiles, y tragicómicas. ¿Se puede decir del traductor que, cara a cara con la obra, combate permanente, inútil y tragicómicamente con este molino de lengua en una batalla, en cierta medida, quijotesca? Si éste es el caso, el mismo traductor se vuelve un molino creador de lengua, y la traducción, una escritura que repite lo irrepetible. Este diario es el testimonio de una traductora del *Quijote*, con apuntes sobre la vida y la literatura, escritos mientras traducía la obra de Cervantes.

Para traducir al *Quijote*, hay que tener la conciencia de que la traducción comienza mucho antes del mismo acto traductor, desde el momento en que se instaura un cierto tipo de lectura del texto original ; de que la traducción consiste en un *quién*, un *cómo*, y un *cuándo* ; de que la traducción tiene su propia historia, distinta de la historia de la obra traducida –sobre todo si una obra ha sido descrita como intraducible, como lo fue el *Quijote–*.

Hoy en día, entendemos a Cervantes perfectamente aunque "no hablamos un mismo idioma". Ésta es una paradoja, y una hermenéutica de la traducción. Así se establece un conocimiento dado sólo a aquel quien juega entre dos textos, entre dos secretos, mirando con tranquilidad como las lenguas juegan con él, dándole un manteo para acabar haciéndole un regalo.

Lo que se descubre paulatinamente a través de este diario traductor, es que en el *Quijote* la figura del traductor tiene un papel particular, dentro y fuera del texto. En el texto, el traductor es el primero que ríe leyendo al *Quijote* ; es él quien establece su última verosimilitud. En la vida, un traductor del *Quijote* tiene la tarea de trasladar las magias de Cervantes : su lengua queda impregnada por el riesgo de la lucha contra los molinos de palabras de que consiste la obra.

Aleksandra Mančić VETRENJAČE NA JEZIK • Izdavačko preduzeće RAD, Beograd, Dečanska 12 • Glavni urednik NOVICA TADIĆ • Lektor i korektor • MIROSLAVA STOJKOVIĆ • Za izdavača SIMON SIMONOVIĆ Štampa Sprint, Beograd • Primeraka 1000